Claudia Linz

Einfach raus in & um Würzburg

Coole Orte für Abenteuer und Auszeit:
Sporteln, schlemmen und Kultur entdecken

J. BERG

Inhalt

24

72

Ausflüge im Norden von Würzburg

Ausflüge im Westen von Würzburg

Vorwort

Immer, wenn ich in meine Heimat zurückkehre, fällt mir auf, wie schön es dort ist. Wie heimelig die mittelalterliche Wehrmauer mit ihren trutzigen Türmen das Winzerdorf Sulzfeld umschließt. Und wie pittoresk Rothenburg mit seinen puppenstubenhaften Häusern und Gassen wie eine Krone auf einem Hügel thront. Manchmal frage ich mich auch, ob der Main deshalb mäandert, Schlingen und Schleifen bildet, weil er etwas länger in diesem weinseligen Winkel verweilen möchte. Ich sehe die Fährleute, die Wanderer, Radler und Autofahrer vom einen Ufer zum anderen schippern, die Kirchlein und Kapellen und Bildstöcke. Am allerhübschesten sind freilich die Weinberge. Steil klettern die Rebzeilen bei Escherndorf vom Tal geradewegs in die Höhe. Mal längs, mal schräg, mal geschwungen bilden sie bei Rödelsee und Iphofen ein einzigartiges geometrisches Muster. Im Sommer begeistert das Licht- und Schattenspiel im Weinlaub, im Herbst leuchten die Hänge bei Neuses am Berg so weit das Auge reicht in satten Rot-, Orange- und Gelbtönen. Meistens fahre ich auch an dem Backsteinhaus mit dem kleinen Laden im Erdgeschoss vorbei, in dem ich meine ersten Lebensjahre verbrachte. Vom ersten Stock aus hatte man eine erstklassige Aussicht auf die Krönung der Gärtnerkönigin beim Etwashäuser Kirchweihumzug. Ja, und manchmal denke ich auch an Dinge, die ich in meiner Heimat schon erlebt habe. An die Wanderung in der fünften Klasse, als wir uns an Seilen den Hang am Schwanberg hochgehangelt haben. An viele Weinfeste, Picknicks und Partys in Mönchsondheim und am Koboldsee in Wiesenbronn.

Ein Freund sagte einmal, das fränkische Weinland sei ein von Gott höchstpersönlich gesegneter Landstrich. Ob das stimmt, könnt ihr bei einem Besuch selbst versuchen zu ergründen. Besucht auf jeden Fall die Residenz mit ihrem gigantischen Deckengemälde, schippert von Würzburg nach Veitshöchheim und genießt die Aussicht von der Vogelsburg bei Volkach. Versäumet keinesfalls die vielen magischen Orte des Frankenweins. Sie bieten einen herrlichen Blick über die faszinierende Landschaft des Weinlands. Jedes »Terroir f« widmet sich einem speziellen Thema und setzt dieses wirkungsvoll in Szene. In Thüngersheim beispielsweise heißt dieses »Wein und Mythologie«. Ariadne sonnt sich dort, während Dionysos seinen Sohn Oinopion auf den Schultern trägt, der der erste Winzer in der griechischen Mythologie werden sollte.

Ich lade dich ein, die schönsten Ecken zu erkunden – nicht nur in Würzburg selbst, sondern auch im Norden, Osten, Süden und Westen der Universitätsstadt. Dieses Buch richtet sich nicht nur an Touristen, sondern auch an Einheimische, die endlich auch einmal die schönen Ecken in der näheren Umgebung kennenlernen wollen.

Ich wünsche dir viel Freude und Genuss im wunderschönen Weinfranken!

Claudia Linz

Blick vom »Mainkutter« hoch auf die Festung Marienberg

Bevor es nach draußen geht

VIEL QUALITY TIME

Die Ausflüge sind von unterschiedlicher Länge. Manche können auch nach Feierabend noch unternommen werden. Bei anderen handelt es sich um Halb- oder Ganztagestouren. Die Zeitangaben sind natürlich nur Vorschläge und dienen zur groben Orientierung. In vielen Fällen kann man auch weitaus mehr Zeit verbringen, etwa bei Wanderungen und Fahrradtouren. Grundsätzlich gilt aber: lieber mehr Zeit einplanen, um so richtig genießen zu können.

IM EINKLANG MIT DER NATUR

Damit sich auch künftige Generationen in vielen Jahren an unserer schönen Heimat erfreuen können, heißt es: Gib Acht auf die Natur! Lass keinen Müll liegen, halte dich an Betretungsverbote, lass laute Musik zu Hause und mach kein Lagerfeuer!

SHARING IS CARING ...

... und zwar für die Umwelt. Die meisten Ausflugsziele sind mit öffentlichen Verkehrsmitteln zu erreichen. Es gibt auch einige Freizeitbuslinien im fränkischen Weinland. Hier einige Beispiele: Der Bocksbeutel-Express verkehrt zwischen den Bahnhöfen Iphofen und Uffenheim und fährt durch Mönchsondheim und Bullenheim. Der Mainschleifen-Express fährt von Kitzingen über Dettelbach, Münsterschwarzach, Sommerach, Nordheim nach Volkach und zurück. Und der Dorfschätze-Express ist in Iphofen, Rödelsee, Wiesenbronn, Castell, Rüdenhausen, Abtswind, Wiesentheid und Prichsenstadt unterwegs.

Vor allem Radler, die entlang des MainRadwegs unterwegs sind und am Ende der Tour wieder zurück zum Ausgangspunkt möchten, schätzen die Freizeitbuslinien, bei denen eine Fahrradmitnahme möglich ist. So fährt der Maintal-Sprinter zwischen Erlabrunn, Würzburg, Randersacker und Ochsenfurt. In Würzburg besteht die Möglichkeit, in den Wein- und Wiesensprinter umzusteigen, der zwischen Eisenheim an der Mainschleife und Marktheidenfeld pendelt. Komplett werden die Linien mit dem Main-Spessart-Sprinter zwischen Kreuzwertheim, Marktheidenfeld und Lohr am Main.

NOCH MEHR IDEEN

Bei einigen Ausflügen gibt es Vorschläge zur Erweiterung der Tour, zum Beispiel, wie man eine Fahrradtour um ein paar Kilometer verlängern kann, den Hinweis auf einen See für eine Erfrischung oder ein Restaurant, das auf dem Weg liegt. So kann jeder Ausflug nach dem persönlichen Geschmack gestaltet werden.

Ausflüge für Familien

Ausflüge für Abenteurer

- Übernachte bei Wolfsgeheul im Trapperbus → S. 46
- Radle im Steigerwald auf dem »Kniebrecher« → S. 58
- Paddle im Kanadier auf dem Altmain → S. 90
- Wandere auf dem Dschungelpfad → S. 102
- Balanciere im Kletterwald in den Baumkronen → S. 106
- Trotze der Höhenangst auf dem Edelweiß-Klettersteig → S. 114

Ausflüge für Weingenießer

- Trinke einen Schoppen unter freiem Himmel → S. 18 und S. 76
- Lass dich bei einer Weinprobe verwöhnen → S. 62
- Raste beim Öko-Pionier im fränkischen Weinbau → S. 92
- Genieße den Volkacher Rebensaft dort, wo er wächst → S. 98
- Besuche das Weingut im Stile Friedensreich Hundertwassers → S. 104

Ausflüge für Feinschmecker

- Nasche von den fränkischen Versücherle → S. 28
- Versuche, den Rekord im Meterbratwurstessen zu knacken → S. 62
- Feiere mit Einheimischen das Casteller Weinfest → S. 66
- Lass dir von einem echten Grafen Würste braten → S. 68
- Probiere mal einen Quittenburger → S. 104
- Knuspere »Meefischli« bei der Fischerbärbel → S. 110
- Lass dir eine Brotzeit in die Weinberge bringen → S. 116
- Backe selbst die süßesten französischen Macarons → S. 120

Ausflüge für Kulturliebhaber

- Schau dir den Mirakelgang im Käppele an → S. 16
- Picknicke bei Mozarts Kleiner Nachtmusik → S. 34
- Breite eine Decke aus beim Theater im Schlosspark → S. 66
- Wandle durch den Rokokogarten in Veitshöchheim → S. 110
- Besuche das Räuberschloss in Mespelbrunn → S. 124

Ausflüge für Romantiker

- Kuschle dich in Tills Nische für Verliebte → S. 22
- Schau, ob das Lusamgärtchen wirklich hilft bei Liebeskummer → S. 36
- Unternimm einen Ausflug ins malerische Rothenburg → S. 52
- Spaziere an Sulzfelds Wehrmauer entlang → S. 62
- Finde das Prinzessinnenbad auf dem Schwanberg → S. 72

Schlechtwetteralternativen

- Betrachte das Deckengemälde in der Residenz → S. 20
- Schau, wo die Röntgenstrahlen entdeckt wurden → S. 30
- Wohne einer typisch japanischen Teezeremonie bei → S. 32
- Begib dich im Fastnachtmuseum auf die Spur des Karnevals → S. 74
- Unternimm eine Zeitreise im Museum in Karlstadt → S. 122

Ausflüge in Würzburg

Herrlich ist die Aussicht vom Fürstengarten auf der Festung Marienberg auf die Stadt.

1

Märchen und Mirakel

Diese Wanderung führt durch die wildromantische Annaschlucht hoch auf den Nikolausberg. Von der Frankenwarte geht es weiter zum Käppele und zur schwarzen Madonna.

Zwar gibt es im Steinbachtal eine Bushaltestelle mit dem Namen »Annaschlucht«. Auch ein hölzerner Wegweiser weist auf den Pfad hin, der neben der Lukaskirche in den Wald führt. Trotzdem kennen selbst manche Würzburger dieses Stück verwunschen wirkende Natur nicht. Ihren Namen verdankt die Schlucht dem ehemaligen Vorsitzenden des Verschönerungsvereins. Valentin Alois Fischer benannte sie nach seiner früh verstorbenen Tochter Anna, nachdem der Verein die zugewachsene und unbegehbare wilde Schlucht ausgebaut hatte. Heute, rund 100 Jahre später, führen alte, ausgetretene Treppenstufen steil empor, kleine Brücken überqueren den Graben. Efeu bedeckt den Boden und rankt sich an den Stämmen der alten Ahornbäume, Stieleichen und Rotbuchen in die Höhe. Die Annaschlucht ist 550 Meter lang und der Weg überwindet 150 Höhenmeter.

Oben angekommen, gelangen wir zur Frankenwarte. Der 42 Meter hohe Turm sieht zusammen mit den Giebeln und Türmchen aus wie eine romantische Märchenburg. 1894 eröffnet, war die Frankenwarte von Anfang an ein beliebtes Ausflugsziel. Heute gelangen Besucher über ein Drehkreuz in den Turm und über eine Wendeltreppe mit 209 Stufen zur überdachten Aussichtsplattform.

Weiter geht es zur Wallfahrtskirche Mariä Heimsuchung mit ihrer opulenten Innenausstattung. Im Volksmund Käppele genannt, wirkt sie wie das zierliche Pendant der mächtigen Festung gegenüber. Nach anerkannten Wunderheilungen, merkwürdigen Licht- und Feuererscheinungen sowie geheimnisvollem Glockenläuten Ende des 17. Jahrhunderts wurde die kleine Kapelle immer wieder vergrößert. Von 1748 bis 1750 entstand nach Plänen von Balthasar Neumann die heutige Kirche mit

INFOS

Start: Annaschlucht (kurz nach dem Steinbachtalbäck, Steinbachtal 64, 97082 Würzburg)
Ziel: Nikolausstraße
Dauer & Weglänge: ca. 2 Std. (mit Besichtigungen evtl. länger), 4 km
Besonderer Tipp: Für den Eintritt zur Frankenwarte durch das Drehkreuz benötigt man eine 1-Euro-Münze (nach Öffnungszeiten erkundigen).

Ein Stück verwunschen wirkende, wildromantische Natur mitten in Würzburg – die Annaschlucht

ihren zwei achteckigen Fassadentürmen und dem Mirakelgang mit der schwarzen Madonna. Wie aus der Zeit gefallen erscheinen die Bilder, Tafeln, Briefe und Zettelchen, die von den Schicksalen in Not geratener Menschen, vor allem aber von deren Errettung erzählen. Auf ca. 250 Stufen wieder ins Tal führt der Kreuzweg mit 14 kleinen Kapellen, der auf Terrassen den Leidensweg Jesu zeigt.

Einkehr-Tipp

Von der Terrasse des **Nikolaushofs** (regionale und internationale Küche) genießt man eine schöne Aussicht über die ganze Stadt.

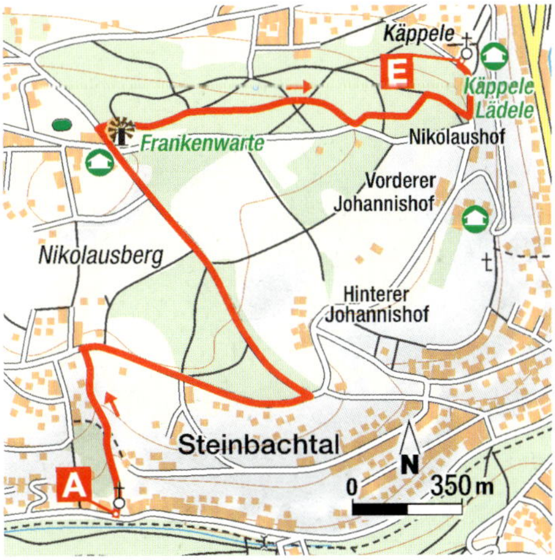

2

Würzburgs Weinseite

Gäbe es den Brückenschoppen in Würzburg nicht, man müsste ihn erfinden. Die Leichtigkeit des mediterranen Lebensgefühls trifft dort auf fränkische Geselligkeit.

Man stelle sich einen lauen Sommerabend vor. Mit einem Glas Silvaner in der Hand lehnt man entspannt am Brückengeländer. Oben plätschern die Gespräche dahin, unten der Main. Der Brückenschoppen ist zweifellos eine der schönsten Nebensachen Würzburgs und ein absolutes Muss für Besucher der Stadt. Für Einheimische hat er sich zum beliebten Treffpunkt nach Feierabend entwickelt. Man verabredet sich und genießt die Geselligkeit, die fränkischen Tropfen, eine Mühlenbratwurst und vor allem die Leichtigkeit des Sommers. Das Flair ist einzigartig. Unter den Augen der Brückenheiligen und mit Blick auf die Festung Marienberg und das Käppele auf der einen sowie den Dom auf der anderen Seite schmecken Silvaner, Müller-Thurgau und Co. noch mal so gut. Besonders stimmungsvoll ist es am Abend, wenn die untergehende Sonne die Szenerie in sanftes, orangerotes Licht taucht. Auch schön: Manchmal spielen Straßenmusikanten zum Schoppen auf und dann erscheint das alte Volkslied wie für den Brückenschoppen erdacht: »Es führt über den Main eine Brücke von Stein. Wer darüber will gehn, muss im Tanze sich drehn. Fa la la la la ... «

Initiiert wurde der Brückenschoppen vom Mainwein Weinbistro. Die Alte Mainmühle und die Vollkornbäckerei Köhler haben sich dazugesellt und alle drei schenken nun Weine, Secco und alternativ Hugo und Aperol Spritz aus. Mittlerweile ist der Brückenschoppen so beliebt, dass Brückenwächter für Ordnung sorgen. Sie ermöglichen, dass Fahrradfahrer auch weiterhin die Brücke überqueren können. Schließlich ist sie offizieller Fahrradweg und auf dem MainRadweg wechselt man dort die Seiten. Die Wächter achten aber auch darauf, dass keine Gläser auf der Brüstung abgestellt werden, da sie hinunter auf die Straße und den Oberen Mainkai fallen könnten.

Früher hatte man da andere Sorgen. So hat etwa 1442 das Magdalenen-Hochwasser

INFOS

Adresse: Alte Mainbrücke, 97070 Würzburg
Besonderer Tipp: Auch in anderen Orten der Region lässt sich im Freien schöppeln, etwa beim Stadtschoppen auf dem Stadtbalkon in Kitzingen, in der Wein.Wunder.Bar in der Brückenstraße in Ochsenfurt und beim Brunnenschoppen auf dem Marktplatz in Volkach. Für alle Nichtfranken: Schoppen ist die Bezeichnung für einen Viertelliter Wein.

Beliebter Treffpunkt nach Feierabend ist die Alte Mainbrücke, auf einen Brückenschoppen.

die einstige, um das Jahr 1130 herum errichtete Brücke nahezu vollständig zerstört. Ein Neubau war nötig, der ab 1725 mit den zwölf überlebensgroßen Heiligen geschmückt wurde – wobei mindestens einer gar kein Heiliger ist. Auch Frankenkönig Pippin der Kurze, Vater Karls des Großen, zeigt sich heute zusammen mit den Frankenaposteln Kilian, Totnan und Kolonat auf Würzburgs Weinbrücke.

Einkehr-Tipp

Das Restaurant **Alte Mainmühle** bewirtschaftet am Fuß der Alten Brücke direkt am Fluss einen Pavillon, ebenfalls mit toller Aussicht.

3

Amerika reitet auf einem Alligator

Allegorien der vier Erdteile und der Götterhimmel wölben sich über den Augen des Betrachters. In der Residenz schuf Tiepolo 1752/53 das größte Deckenfresko der Welt.

Ein Hund beschnuppert den Architekten Balthasar Neumann, der lässig auf einem Kanonenrohr sitzt. Sich selbst hat der Maler Giovanni Battista Tiepolo im Treppenhaus der Würzburger Residenz mit rotbrauner Kappe und weißem Halstuch verewigt.

Mit einem einzigen, zusammenhängenden Deckenfresko, das mit 677 Quadratmetern das größte der Welt ist, schmückte »der beste Maler Venedigs« seiner Zeit die gewaltige Gewölbefläche der Würzburger Residenz und schuf damit die kongeniale Dekoration für die Architektur Balthasar Neumanns. Allegorien der vier Erdteile auf je einer Seite – Australien wurde erst 1770 entdeckt –, der von antiken Göttern bevölkerte Wolkenhimmel und der Lichtgott Apollo mit seinem Sonnenwagen sind dargestellt. Kurios muten manche Darstellungen heute an. Als Personifikation Amerikas zum Beispiel reitet eine Frauengestalt mit Federkrone und Bogen auf einem kolossalen Alligator, während ihr ein Page heiße Schokolade kredenzt. In der barocken Vorstellungswelt galt Amerika damals als unzivilisiert, aber reich an Schätzen der Natur. Die Asia thront auf einem Elefanten mit riesigen Ohren, den Tiepolo malte, obwohl er selbst noch nie einen gesehen hatte. Die barbusige Fürstin Afrika liegt träge auf einem Dromedar, ein kniender Diener mit Sonnenschirm reicht ihr Weihrauch. Der Kontinent wird als Ort reicher Schätze dargestellt. Den Höhepunkt der Komposition bildet schließlich die Allegorie der Europa mit dem Würzburger Hof als Ort der Künste. In einem Medaillon wird der Auftraggeber, Fürstbischof Carl Philipp von Greiffenclau, verherrlicht.

Tiepolo fügte in sein Meisterwerk Porträts realer Personen ein. So glaubt man, dass sein jüngerer Sohn Lorenzo Tiepolo und der Sohn des Architekten, Ignaz Michael Neumann, ebenso abgebildet sind wie der Stuckateur Antonio Guiseppe Bossi.

INFOS

Adresse: Residenzplatz 2, 97070 Würzburg
Besonderer Tipp: Die Eintrittskarte berechtigt zur Teilnahme an einer von der Schloss- und Gartenverwaltung angebotenen Führung durch die Residenz. Der Eintritt in die Hofkirche und den Hofgarten ist frei.

Beim Hochgehen der Treppe erschließt sich das Deckengemälde nach und nach.

Von keinem Standort aus ist das riesige Gemälde mit einem Blick zu erfassen. Kommen zuerst Amerika und der Gott Apollo, der seine Tagesreise beginnt, in den Blick, so erkennt man am Wendepodest die Darstellung Europas. Die längeren Friese mit den Erdteilen Afrika und Asien sind erst jeweils vom gegenüberliegenden Umgang im Obergeschoss komplett überschaubar. So entwickelt sich der Treppenaufgang zu einer Reise durch die Welt, wie man sie sich im Barock vorstellte.

Einkehr-Tipp

Zur Reise in die Vergangenheit wird auch die Einkehr im fränkischen Restaurant und **Weinhaus Stachel** in der Grebengasse 1. Mit 600 Jahren gilt es als ältestes Gasthaus Würzburgs. Die Karte bietet für jeden Geschmack etwas.

4

Tills Nische für Verliebte

Der Eulenspiegel ist Kult. Die Weinstube hat den Charme eines mittelalterlichen Winzerdorfes und auch im Keller darunter wurden alte Scheunen und Ziegel verbaut.

Brunnenloch, Storchennest, Beichtstuhl. Fast jede der verwinkelt angeordneten Nischen im Weinkeller und im Bierkeller trägt einen Namen – und jede sieht anders aus. Die Wände in der Minnesängerstube in der Weinstube etwa schmückt eine Bilderreihe aus der Manesse-Handschrift, einer mittelalterlichen Liedersammlung. Am runden Tisch schräg gegenüber sind Glaskästchen mit Handwerkern und Markthändlern in die Wand eingelassen. Die Zinnfiguren lassen sich mittels eines Rädchens drehen und so von allen Seiten betrachten. Eine Figurengruppe aus Blasmusikern in einem Schaufenster gab der überdachten Bayernstube ihren Namen. Und für Verliebte gibt es ein Plätzchen, auf dem man sehr nah zusammenrücken muss.

INFOS

Adresse: Sanderstraße 1a, 97070 Würzburg
Besonderer Tipp: Wer sichergehen möchte, dass er einen Platz in der Weinstube oder im Bierkeller bekommt, sollte vorher reservieren. Ruhetage beachten! Im gleichen Haus bietet das »Nichtrauch-Hotel« Till Eulenspiegel Garni Übernachtung mit Frühstück an.

Die Würzburger Kultlocation Till Eulenspiegel in der Sanderstraße muss man gesehen haben. Zwei kleine Scheunen aus dem Spessart, Ziegel, Bruchsteine und alte Butzenscheibenfenster wurden von Rechtsanwalt Dr. Willi Schwab und seiner Familie so verbaut, dass der Eindruck entsteht, es handele sich um ein mittelalterliches Weindorf mit gepflasterten Straßen, Plätzen und alten Häusern. Tochter und Künstlerin Helene bemalte die Wände und schuf das Bild unter der Arkade der mit wildem Wein begrünten Außenfassade, auf dem sich ihr Vater in Anwaltsrobe und ihre Mutter als Justitia zu Till Eulenspiegel gesellen.

Nicht nur das Ambiente, auch das Angebot sucht seinesgleichen. So werden im 1982 eröffneten Bierkeller zahlreiche, auch außergewöhnliche Fass- und Flaschenbiere ausgeschenkt. Kult seit Jahrzehnten ist die Bowle aus Altbier mit Pfirsichstückchen, eine Spezialität aus dem Rheinland. Es gibt eine Bierprobe mit sechs Sorten nach Wahl und in der Weinstube eine mit fünf Weinen. Dazu kann man sich Schweizer Käsefondue bestellen. Auch Schäufele, Schnitzel

Till Eulenspiegels Nische für Verliebte

»Spessarträuber«, veganes Geröstl und Salate stehen auf der Karte. Ein Highlight im Till sind die hauseigenen Varianten der »Brizza«, einer fränkisch-rustikalen Version der Pizza. Belegt wird sie etwa mit Obatzda-Schmand, Zwiebel, Speck und Emmentaler oder mit Senfschmand, Sauerkraut und grober Bratwurst.

Seit fast 20 Jahren ist zweimal im Monat Karaoke-Abend, aktuell von Oktober bis Mai an jedem ersten und dritten Dienstag. Auch große Fußballereignisse können die Besucher an Monitoren in fast allen Nischen des traditionsreichen Till Eulenspiegel zu bestimmten Terminen live verfolgen.

5

Rasend schnell durchs Weltall

In mehrfacher Lichtgeschwindigkeit bewegt man sich auf dem Planetenweg durchs Weltall. Merkur, Venus, Erde und Mars hat man in wenigen Augenblicken hinter sich.

Generationen von Schülern merkten sich Anzahl und Reihenfolge der Planeten mit dem Satz »Mein Vater erklärt mir jeden Sonntag unsere neun Planeten.« Wer dazu ein Gefühl für die Größe und die Entfernungen im Weltall bekommen möchte, wandert den 2,5 Kilometer langen Planetenweg in Würzburg entlang.

Los geht es unterhalb des Spielplatzes am Oberen Neubergweg im Stadtteil Keesburg mit dem Quell allen Lebens und Zentrum unseres Planetensystems, der Sonne. Mit 70 Zentimetern Durchmesser ist die Nachbildung des 4,6 Milliarden Jahre alten Himmelskörpers so groß wie ein Sitzball. Vorbei an dem nur stecknadelkopfgroßen Planeten Merkur und der Venus gelangt man in drei Minuten zur Erde, die in der Größe einer Erbse dargestellt wird. Die 75 Meter Entfernung entsprechen in Wahrheit 150 Millionen Kilometern, denn der Planetenweg wurde im Maßstab eins zu zwei Milliarden angelegt.

Von der Erde aus geht die Reise im Miniatur-Weltall zum Mars. Er ist der Erde am ähnlichsten und hat mit dem 27 000 Meter hohen Olympus Mons den höchsten Berg unseres Sonnensystems vorzuweisen. Schließlich folgt der Asteroidengürtel mit dem Zwergplaneten Ceres. Nun werden die Abstände und die Modelle der Himmelskörper größer. Auf einen Durchmesser von 143 000 Kilometern bringt es der Jupiter. Der Gasriese ist damit ungefähr elfmal so groß wie die Erde und misst auf dem Planetenweg etwa die Größe eines Golfballs.

Muschelkalkstelen mit Edelstahlplatten informieren über die großen Himmelskörper. So erfährt man, dass ein Jahr auf dem Saturn

INFOS

Start: Spielplatz Ebertsklinge, Oberer Neubergweg, 97074 Würzburg
Dauer & Weglänge: 1–2 Std., 2,5 km; der Planetenweg ist für Kinderwagen und Rollstuhlfahrer geeignet, ein paar kleine Steigungen sind allerdings dabei.
Besonderer Tipp: Ein Blick auf die Planeten im Weltall ist in der Volkssternwarte in der Johannes-Kepler-Straße möglich. Eine Treppe führt hoch in die drehbare Kuppel. Die Objekte am Nachthimmel lassen sich bei Führungen in 50- bis 600-facher Vergrößerung betrachten.

Mit 70 Zentimetern Durchmesser ist die Sonne auf dem Planetenweg etwa so groß wie ein Sitzball.

29,5 Jahren auf der Erde entspricht und sein größter Mond den Namen Titan trägt. Vom Ringplaneten aus bietet sich ein schöner Ausblick auf den Stadtteil Heidingsfeld. Anschließend führt der Weg über die Hans-Löffler-Straße zum Uranus im Blumenbeet, ins Sieboldswäldchen zu Neptun und schließlich zu Pluto. Weil dieser 2006 den Planetenstatus verloren hat, musste übrigens auch die Gedächtnishilfe verändert werden in: »Mein Vater erklärt mir jeden Sonntag unseren Nachthimmel.« Darin versteckt sich praktischerweise auch die »Acht«.

6

Hinter dicken Mauern

In schummrigem Licht führt ein Geheimgang vom mächtigen Maschikuliturm bis zur Hauptburg auf dem Marienberg. An sieben Tagen im Jahr ist das Bollwerk geöffnet.

Maschikuli? Wer oder was mag das sein? Das ulkig klingende Wort bezeichnet etwas, das alles andere als lustig ist – vor allem nicht für die Feinde. Als Maschikulis werden senkrecht nach unten gerichtete Schussöffnungen bezeichnet. Von diesen aus konnten die Verteidiger nach unten feuern, Steine werfen oder Pech auf die Angreifer gießen. 24 dieser besonderen Schießscharten gaben dem Maschikuliturm in Würzburg seinen Namen. Der wuchtige graue Turm mit den dicken Mauern gilt als eines der bemerkenswertesten Festungsbauwerke in Deutschland und sitzt mitten im Weinberg »Innere Leiste«. Auf dem Weinwanderweg Schlossberg und Leiste, der von der Kirche St. Burkard im Mainviertel zum ehemaligen fürstbischöflichen Schloss führt, kommt man an dem Bollwerk vorbei. Doch damals wie heute ist der Zugang nicht einfach und kann nur an sieben Feiertagen im Jahr »eingenommen« werden.

INFOS

Start & Ziel: Kirche St. Burkard, Burkarderstraße 42, 97082 Würzburg
Dauer & Weglänge: 50 Min., mit Besichtigung von Turm, Kasematte und Hauptburg ca. 4 Std., 3 km (hin und zurück); geöffnet: Ostersonntag, -montag, Pfingstsonntag, -montag, 1. Mai, 15. August, 3. Oktober
Besonderer Tipp: Das Museum für Franken – Staatliches Museum für Kunst- und Kulturgeschichte in Würzburg zeigt eine einmalige Riemenschneider-Ausstellung.

Der Maschikuliturm wurde von 1724 bis 1729 vom Würzburger Baumeister Balthasar Neumann nach einem Entwurf des Mainzer Hofarchitekten Maximilian von Welsch errichtet. Er sollte die Südflanke der Hauptburg sichern, die weithin sichtbar über der Stadt »thront«. Besucher führt eine Holztreppe zunächst ins Untergeschoss und dann über zwei weitere Etagen, in denen einst schwere Geschütze standen, nach oben auf die Plattform. Dort sind die mit Gittern gesicherten Maschikulis zu sehen. Ebenso eindrucksvoll ist die über 200 Meter lange Kasematte mit ihren Schießscharten an der Westseite, die ebenfalls betreten werden kann. Der geheimnisvolle, gewundene Gang mit den Nischen, in denen einst Nahrung, Waffen und Munition lagerten, geht

Schummriges Gemäuer: Die Kasematte führt vom Maschikuliturm zur Hauptburg.

später in höhere Gewölbe über und endet am Ausgang Schwedenschwanze. Im staubig-schummrigen Licht fühlt man sich schnell zurückversetzt in frühere Jahrhunderte und sieht im Geiste Soldaten zwischen dem Turm und der Burg hin- und hereilen. Für Kinder ist die Erkundung des »Geheimgangs« ebenfalls ein spannendes Abenteuer – perfekt zum Staunen und Entdecken!

Seit 1866 wird die Burg auf dem Marienberg nicht mehr als Festung genutzt. Daher verfiel der Maschikuliturm nach und nach, wurde aber ab 1987 in mehrjähriger Bauzeit restauriert. Am Bauwerk sind das Wappen des Auftraggebers Fürstbischof Christoph Franz von Hutten und das von Fürstbischof Friedrich Karl von Schönborn angebracht, in dessen Regierungszeit die endgültige Fertigstellung erfolgte.

7

Fränkische Versücherle

Lustig geht es zu, wenn sich Würzburg-Besucher mit dem Nachtwächter, dem Schorsch und dem Trio vom Straßenkabarett durch das fränkische Schlaraffenland schlemmen.

Wer die fränkische Seele ergründen möchte, sollte mit Franken essen und trinken. Das findet der Würzburger Nachtwächter Wolfgang Mainka. Der frühere Rechtsanwalt hat – wohl aus einer Schoppenlaune heraus – den historischen Berufsstand 1995 wiederbelebt und ihn mit kunsthistorischem Sachverstand ausgestattet. Immer mehr Kollegen setzten sich in den darauffolgenden Jahren den Dreispitz auf den Kopf, nahmen Hellebarde, Horn und Laterne zur Hand und führten in Mundart durch ihre Heimatstadt. Weitere Originale sind hinzugekommen: Der Schorsch und seine Frau Babette aus dem »Meeviertel« sowie die Marktbärbel mit ihrer »frechen Gosch«, das Weinbäuerle Häcker Karl, der durch »Fastnacht in Franken« bundesweit Berühmtheit erlangte, und der Spießbürger Schorsch. Diese drei bilden unter anderem das typisch fränkische Straßenkabarett und ziehen mit Leiterwagen und flotten Sprüchen durch die Stadt. Zu Würzburger Lebensweisheiten und einem Blitzsprachkurs in Fränkisch gibt es köstliche Schmankerl und ein Gläschen Wein.

Kulinarisch noch toppen lässt sich dies mit einem Spaziergang zu fünf historischen Gasthäusern, bei der die Teilnehmer mit einem fränkischen Fünf-Gänge-Menü verwöhnt werden. Mit dem Schorsch oder dem Nachtwächter zieht die Gruppe »Durch das fränkische Schlaraffenland«. Sie lässt sich im Ratskeller Mostsuppe mit Zimtbröckeli schmecken und kostet anschließend in der Mainmühle die »Mühlenbratwurst«, die laut Nachtwächter Mainka »würzig und pforztrocken« sein muss. Immer wieder streut der Gästeführer beim Streifzug historische und kulinarische Anekdo-

INFOS

Start & Ziel: Nachtwächter-Stüble, Plattnerstraße 5, 97070 Würzburg
Angebote, Tickets und Termine gibt es unter wuerzburger-nachtwaechter.de.
Besonderer Tipp: Kulinarisch verwöhnen und unterhalten lassen kann man sich auch in der Mittagspause. »Essen wie Gott in Franken« heißt das Zwei-Stunden-Angebot mit Drei-Gänge-Menü und Weinprobe im Restaurant Aifach am Markt und in der fränkischen Vinothek am Dom.

Wolfgang Mainka und Peter Auffermann als Nachtwächter auf der Alten Mainbrücke

ten ein, etwa im Restaurant und Weinhaus Stachel, dem ältesten Gasthaus Würzburgs: So hätten sich im Bürgerkrieg 1525 die Anführer der Bauern im Gasthaus getroffen. »Wenn die Luft rein war, hängte der Wirt den Morgenstern aus dem Fenster«, erklärt der Nachtwächter – und dort hängt der im Volksmund »Stachel« genannte Ausleger auch heute noch. Nach Fränkischem Hochzeitsessen mit Rindfleisch und Kren (Meerrettich) oder alternativ »Schnickerli« (einem früheren Arme-Leute-Essen, das heute zur gewöhnungsbedürftigen Spezialität erhoben wurde) geht es weiter zu den Fränkischen Stuben, in denen Apfelkräpfli mit Vanillesoße munden. Zum Trinken gibt es unterwegs Weinschorle. Den Abschluss bildet ein »Nachhock« bei einem Schoppen im Nachtwächter-Stüble oder im Bürgerspital.

8

Eine Stätte mit Strahlkraft

Die nach ihm benannten Strahlen machten Wilhelm Conrad Röntgen mit einem Schlag weltberühmt. In seinem Labor in Würzburg ist der große Moment der Entdeckung erlebbar.

Vielleicht würden wir heute sagen, wir werden »geixt«, wenn … Ja, wenn es nicht Albert von Koellikers Hand gewesen wäre, an der Wilhelm Conrad Röntgen am 23. Januar 1896 seine Entdeckung demonstrierte. Der fast 80-jährige Ehrenpräsident der Physikalisch-Medizinischen Gesellschaft war so beeindruckt, dass er anregte, die X-Strahlen nach ihrem Entdecker zu benennen – Röntgenstrahlen.

INFOS

Adresse: Röntgen-Gedächtnisstätte, Röntgenring 8, 97070 Würzburg, Eintritt ohne Führung frei von Mo bis Fr 8–14 Uhr. Führungen für Gruppen ab zehn Personen nach Voranmeldung unter Tel. 0931/35 11 64 80, wilhelmconradroentgen.de
Besonderer Tipp: Ein Lehrpfad mit 14 Schautafeln der Würzburger Nobelpreisträger von Wilhelm Conrad Röntgen bis zu dem zeitgenössischen Mediziner Harald zur Hausen befindet sich im Ringpark gegenüber der Neuen Universität am Sanderring.

Schon als Röntgen einige Wochen vorher, am 28. Dezember 1895, eine »Vorläufige Mitteilung« über seine Beobachtung bei der Physikalisch-Medizinischen Gesellschaft eingereicht hatte, war klar, dass diese bahnbrechend sein würde. In Windeseile ging die Nachricht um die Welt und der deutsche Kaiser Wilhelm II. schickte am 11. Januar 1896 nach dem Physiker, der daraufhin nach Berlin reiste.

1901 erhielt Röntgen den ersten Nobelpreis für Physik. In Würzburg weist eine Stele auf dem Gelände des ehemaligen Physikalischen Instituts der Julius-Maximilians-Universität auf die Entdeckung hin. Drinnen in der Gedächtnisstätte gelangt man zunächst in einen Vorraum, in dem zur Einstimmung ein Film gezeigt wird. In einem Flur werden die wichtigsten Stationen im Leben Röntgens nacherzählt. Im Labor stellt Roland Weigand, Vorstandsmitglied des Kuratoriums zur Förderung des Andenkens an den berühmten Würzburger, hin und wieder Röntgens Versuch nach. Fluoreszierendes Licht erscheint in einer Röhre, glimmt aber ebenso auf einem weiter entfernt liegenden schwarzen Stoff. Röntgen erkannte damals, dass dafür nicht der Katho-

In Wilhelm Conrad Röntgens Labor sind auch Gegenstände aus seiner Wohnung zu sehen.

denstrahl verantwortlich sein konnte, denn das Licht flimmerte, auch wenn er die Kathodenröhre mit dicken Büchern und Holzkästchen abschirmte.

Weigand weiß auch, dass sich Röntgen nach seiner Entdeckung am 8. November 1895 sechs Wochen in seinem Labor eingeschlossen haben soll. Er ließ sich ein Bett hineinstellen und von seiner Frau Bertha das Essen bringen, obwohl er nur einen Stock höher wohnte, um weiter zu experimentieren. Das Röntgenbild der Hand von Koelliker fertigte er später im Hörsaal. Auf dem Mobiliar dort wurde die Zuhörerschaft am 23. Januar 1896 Zeuge davon, dass der menschliche Körper nun mithilfe von Strahlen von innen betrachtet werden konnte.

Einkehr-Tipp

Das ehemalige Talavera-Schlösschen heißt heute **Waldschänke Dornheim** und ist eine kultige, offene und bunte Location mit Biergarten unter Kastanienbäumen.

9

Zen bei einer Tasse Tee

Für das Studium des Teewegs lebte Barbara Sōka Lohoff lange Jahre in Japan. Heute zelebriert sie die japanische Teezeremonie im Siebold-Museum in Würzburg für Gäste.

Innehalten, ganz im Moment sein und diesen mit anderen Menschen bei einer Schale Tee teilen: Wer sich ganz auf die traditionelle japanische Teezeremonie einlässt, dem ist es vielleicht vergönnt, Harmonie und inneren Frieden für Körper und Geist zu finden. Auf eine jahrhundertalte Tradition zurückblickend, erscheint sie aus einer anderen Zeit zu stammen und ist in ihren Werten und der Intensität des Erlebnisses doch womöglich »Medizin« für unsere rastlose, konsumorientierte Zeit.

Alltägliche Gesten während eines präzise definierten Rituals, wie die des Tuchfaltens zur Reinigung des Teegefäßes oder die Säuberung der Teeschale, werden zur Kunst erhoben, erscheinen leicht und sind doch Ausdruck einer jahrzehntelangen inneren Schulung. Es bedarf Gast und Gastgeber, beide begegnen sich in Achtung und Respekt und sind Teil eines Gesamtkunstwerks, bei dem die Vereinigung verschiedener Aspekte japanischer Künste auf engstem Raum zum Tragen kommt. All das schafft auch eine Atmosphäre für geistigen Freiraum, der nicht mit Worten fassbar ist. Sich darauf und auf die Unbestimmtheit des Moments im Ich einzulassen, ist vielleicht die größte Herausforderung, aber auch die größte Befreiung für den westlichen Besucher.

Barbara Sōka Lohoff zelebriert die japanische Teezeremonie im Teezimmer des Siebold-Museums in Würzburg. Für das dafür erforderliche Studium des Teewegs lebte sie lange Jahre in Japan und ist auch für Fortbildungen immer wieder dort. In Würzburgs Partnerstadt Otsu lernte sie Mitsuo Narumiya, den »Vater« des Teezimmers, kennen. So wurde aus der Vermittlung dieser Teetradition in Deutschland auch ein ideeller Auftrag.

Interessierte, die einer Teezeremonie beiwohnen oder sich in die Geheimnisse dieser fernöstlichen Teekultur einweihen lassen möchten, setzen sich mit der links angegebenen Telefonnummer in Verbindung. Zusätzlich

INFOS

Adresse: Teehaus im Siebold-Museum, Frankfurter Straße 87, 97082 Würzburg; Kontakt: Barbara Sōka Lohoff, Tel. 09365/93 50 (außer Mo, 19–21.30 Uhr)
Besonderer Tipp: Im Siebold-Museum werden auch Ikebana-Kurse angeboten.

Barbara Sōka Lohoff zelebriert die japanische Teezeremonie.

zu Sonderanlässen im Museum findet die Teezeremonie auf individuelle Anfrage statt.

Im Siebold-Museum in der Frankfurter Straße selbst, das ehrenamtlich von der Siebold-Gesellschaft geleitet wird, sind Exponate zum Leben und Wirken der Würzburger Ärzte- und Gelehrtenfamilie von Siebold zu sehen. Dazu kommen Sonderausstellungen und Veranstaltungen, auch zusammen mit Gästen aus Otsu und Nagasaki. Einzigartig ist die Japan-Spezialbibliothek mit über 20 000 Bänden.

Einkehr-Tipp

Von einem japanischen Sushimeister zubereitete Sushi gibt es in der **Kham Sushi Bar**. Zusätzlich wird eine Vielzahl asiatischer Gerichte angeboten, auch nepalesische Momos (gefüllte Teigtaschen).

10

Auf ein Picknick mit Mozart

Lust, im illuminierten Hofgarten der Kleinen Nachtmusik zu lauschen, während die untergehende Sonne die prachtvolle Residenz orangerot anstrahlt? Das stimmungsvolle Open-Air-Konzert sollte man nicht versäumen.

Die Kombination aus klassischer Musik, traumhafter Kulisse und lockerer, ungezwungener Atmosphäre steht bei Würzburgern und Gästen aus der ganzen Welt hoch im Kurs. Jeans oder Abendrobe? Beides ist erlaubt.

Zwei Nachtmusiken werden im Rahmen des Würzburger Mozartfestes pro Saison veranstaltet. Für die Sitzplätze können die Besucher schon im Vorfeld Karten erwerben. Da bei Regen kein klassisches Konzert im Freien stattfinden kann, werden nur so viele verkauft, wie in der benachbarten Hochschule für Musik zur Verfügung stehen. Um 17.30 Uhr wird auf den Social-Media-Kanälen bekanntgegeben, ob das Konzert im Hofgarten stattfindet oder in die Ausweichlocation verlegt wird. Spielt das Wetter mit, gibt es ein Restkontingent an Tickets an der Abendkasse sowie zusätzlich Karten für die sogenannten Promenadenplätze. Dort machen es sich die Besucher auf mitgebrachten Campingstühlen oder Picknickdecken bequem, manche lehnen sich auch einfach an die Brüstung und genießen die schwungvolle Serenade im Stehen. Kleine Speisen und Getränke, auch Frankenwein, werden am Eingang angeboten. Gut versorgt, kann man den Sommertag bereits ab 19.30 Uhr im Hofgarten ausklingen lassen. Die Nachtmusiken beginnen um 21 Uhr.

Jedes Jahr im Frühsommer bildet die fürstbischöfliche Barockstadt den Rahmen für das älteste Mozartfestival Deutschlands, das 2021 sein 100-jähriges Bestehen feierte. Aus der Mozartwoche der 1920er-Jahre hervorgegangen, vertritt es heute den Anspruch, das Werk Wolfgang Amadeus Mozarts zu pflegen, zu vermitteln und ein Podium für eine zeitgemäße Auseinandersetzung mit seiner Musik zu schaffen. 70 Konzerte und Veranstaltungen

INFOS

Adresse: Residenzplatz 2, 97070 Würzburg
Besonderer Tipp: Tickets für alle Veranstaltungen gibt es online oder im Mozartfest-Büro im Rathaus. Karten für die Promenadenplätze sind nur an der Abendkasse erhältlich. Mehr unter mozartfest.de

Klassik und ungezwungene Atmosphäre verbinden die Nachtmusiken im Hofgarten der Residenz.

laden dazu ein, klassische Musik in hochkarätigen Besetzungen zu erleben.

Dass Würzburg zur Mozartstadt wurde, liegt an einem Brief. »Liebstes bestes Herzens-Weibchen!« schrieb er 1790 darin an seine Frau Constanze. »Zu Würzburg haben wir unsern theuern Magen mit Kaffee gestärkt, eine schöne prächtige Stadt.« Nur zu gut kann man sich vor dem geistigen Auge vorstellen, wie der Musiker mit der Kutsche über holprige Straßen in Würzburg einfuhr und beim Anblick der damals erst 50 Jahre alten Residenz ins Schwärmen geriet. Seine Musik ist in Würzburg geblieben – und ins Schwärmen geraten heute die, die im Hofgarten seiner Musik lauschen.

Einkehr-Tipp

Das **Capri und Blaue Grotte**, 1952 von Nicolino di Camillo in Würzburg eröffnet, gilt als die erste Pizzeria Deutschlands. Der Keller mit seinem grottenähnlichen Gewölbe und dem blauen Licht war damals einer der beliebtesten Plätze Würzburgs. Auch nach 70 Jahren wird dort im 1950er-Jahre-Ambiente Pizza serviert, zusätzlich gibt es Tapas und mediterrane Küche.

11

Trostspender für unglücklich Verliebte

Das Lusamgärtchen ist ein kleiner, romantischer Innenhof hinter dem Kiliansdom. Wer Liebeskummer hat, sucht dort die Linderung des Herzschmerzes.

In das Lusamgärtchen in Würzburg verirrt man sich nicht zufällig. Es liegt versteckt hinter dem Kiliansdom und der Stiftskirche Neumünster und ist von einer hohen Mauer umgeben. Dennoch finden viele Besucher den Weg durch das unscheinbare Eingangstor in der Martinstraße. Das hat meistens einen dieser drei Gründe: Entweder suchen sie Abkühlung an dem schattigen Plätzchen mitten in der Innenstadt. Oder einer der Gästeführer hat das Gärtchen in seinem Programm und führt Touristengruppen dorthin. Oder es handelt sich um unglücklich Verliebte. Und davon scheint es in Würzburg viele zu geben, was die vielen niedergelegten Blumensträußchen auf dem Gedenkstein bezeugen.

Diesen Stein hatte die Stadt Würzburg 1930 in Form eines Sarkophags in dem kleinen Hof errichten lassen. Der Grund: Der Minnesänger Walther von der Vogelweide soll dort begraben liegen. Rund um den Stein ist die Inschrift »Herr Walther von der Vogelweide, swer dez vergaeze, der taet mir leide« zu lesen. Darauf befinden sich runde Vertiefungen für Wasser und Körner. Der Überlieferung nach soll der Minnesänger vor seinem Tod verfügt haben, dass an seinem Grab Vögel Nahrung finden sollen. Er wollte damit seinen Lehrmeistern auf ewig danken. Dazwischen liegen meist einzelne Rosen, manchmal auch kleine Sträuße, denn eine Legende besagt, dass unglücklich Verliebte auf dem Gedenkstein Blumen niederlegen sollen. Sind sie verwelkt, soll wie von Zauberhand auch der Liebeskummer verschwunden sein. Der Lyriker, der für seine Lieder von unerfüllter Liebe bekannt ist, soll, so glaubt man, über seinen Tod hinaus ein Herz für Menschen mit Herzschmerz haben.

Außerdem ist im Lusamgärtchen der erhalten gebliebene Flügel eines alten romanischen Kreuzganges zu sehen. Die roten Säulen aus Sandstein gehörten zum Stift Neumünster und wurden um 1180 zur Zeit des Stauferkaisers Friedrich I. Barbarossa errichtet. In einem angrenzenden Wirtschaftsgebäude verbaut und über die Jahre vergessen, wurden sie 1883

INFOS

Adresse: Innenhof der Martinstraße 4 an der Nordseite der Neumünsterkirche, 97070 Würzburg

Blumen liegen auf dem Gedenkstein für Walther von der Vogelweide.

wiederentdeckt und zunächst in einem Museum ausgestellt. 1930 kehrte der Flügel in die Nähe seines ursprünglichen Standorts zurück. Die eingearbeiteten Reliefs stellen Christus und St. Kilian in bischöflicher Kleidung dar und gehören zu den ältesten figürlichen Plastiken in Würzburg. Das Wort Lusamgärtchen bedeutet »Gärtlein der Spielenden« oder »der Scherzenden«.

Einkehr-Tipp

Fränkische Spezialitäten in einem Restaurant mit historischem Ambiente und Innenhof bietet das **Backöfele** in der Ursulinergasse 2. Sommerfeeling verheißt ein Ausflug zum Stadtstrand.

12

Tête-à-Tête mit Goethe

Um mit Würzburg auf Tuchfühlung zu gehen, empfiehlt sich die Wanderung durch die Weinlage »Stein« bis nach Veitshöchheim. Zurück geht es entspannt auf dem Main.

Los geht's am Parkplatz Talavera und von dort hoch in die berühmte Weinlage Würzburger Stein. Der Stein-Wein-Pfad ist bestückt mit Tafeln, die Informationen über Wein und Main, Burgen und Kirchen, die Stadt, ihre Menschen und die Fürstbischöfe bereithalten. Auf dem Weg liegen auch ein Rebsortengarten und ein altfränkischer Weinberg mit Rosen als Zeigerpflanzen, weil sie Mehltau früher anzeigen als die Weinstöcke. Die Ausblicke auf die Residenzstadt sind von vielen Stellen aus schön, besonders prächtig ist die Sicht aber vom Literaturbalkon, der zudem ein Stelldichein mit Goethe bereithält. Der Aussichtspunkt Terroir f, einer der magischen Orte des Frankenweins, ist Literaten gewidmet, die den Frankenwein schätzten und der Stadt verbunden waren. Herzstück sind Anamorphosen, die neben Johann Wolfgang von Goethe auch Heinrich Heine, Walther von der Vogelweide und Leonhard Frank zeigen. Anamorphosen nennt man Bilder, die nur aus einem bestimmten Blickwinkel zu erkennen sind.

Vom Literaturbalkon aus geht es dann noch ein Stück weiter hinauf bis zum Bismarckturm, einem beliebten Ausflugsziel der Würzburger. Durch das Bismarckwäldchen hindurch und vorbei an der Hotelanlage Steinburg wandert man anschließend hinunter ins Dürrbachtal und auf der anderen Seite wieder hinauf auf den Roßberg zum Schenkenturm. Der 28 Meter hohe Bergfried steht seit etwa 700 Jahren und gehörte zur ehemaligen Burg Schenkenschloss, von der aber nicht mehr viel erhalten ist. Dieser Platz bietet sich für eine Brotzeit aus dem Rucksack an.

Fast eben beziehungsweise bergab geht es schließlich hinunter nach Veitshöchheim. Dort bietet sich ein Abstecher in den einmaligen Rokokogarten, die Sommerresidenz der Würzburger Fürstbischöfe, oder eine ausgiebige Mittagspause in einem der Lokale an, ehe man an Bord eines Ausflugsschiffes geht und gemächlich zurück zum Alten Kranen nach Würzburg

INFOS

Start: Parkplatz Talavera
Ziel: Veitshöchheim (mit dem Schiff geht es dann zurück zum Alten Kranen)
Dauer & Weglänge: Tagesausflug mit Einkehr und Besichtigung, Wanderstrecke 12 km, der Aufstieg erfordert etwas Kondition.
Besonderer Tipp: Wer nur den Stein-Wein-Pfad wandern möchte, folgt den grünen Symbolen und wählt zwischen der kurzen und der langen Route.

Einkehr-Tipp

Fränkisches Schäufele mit Dunkelbiersoße schmeckt im **Spundloch** in Veitshöchheim. Forelle und Saibling gibt es dort fangfrisch aus dem Frischwasserbassin.

fährt. (Vorher nach der letztmöglichen Abfahrtszeit erkundigen!) Vom Oberdeck an Bord aus genießt man entspannt die Aussicht auf das Kloster Oberzell und noch einmal – aus anderer Perspektive – auf die Weinlage Würzburger Stein.

Der magische Ort des Frankenweins am Würzburger Stein ist Literaten gewidmet.

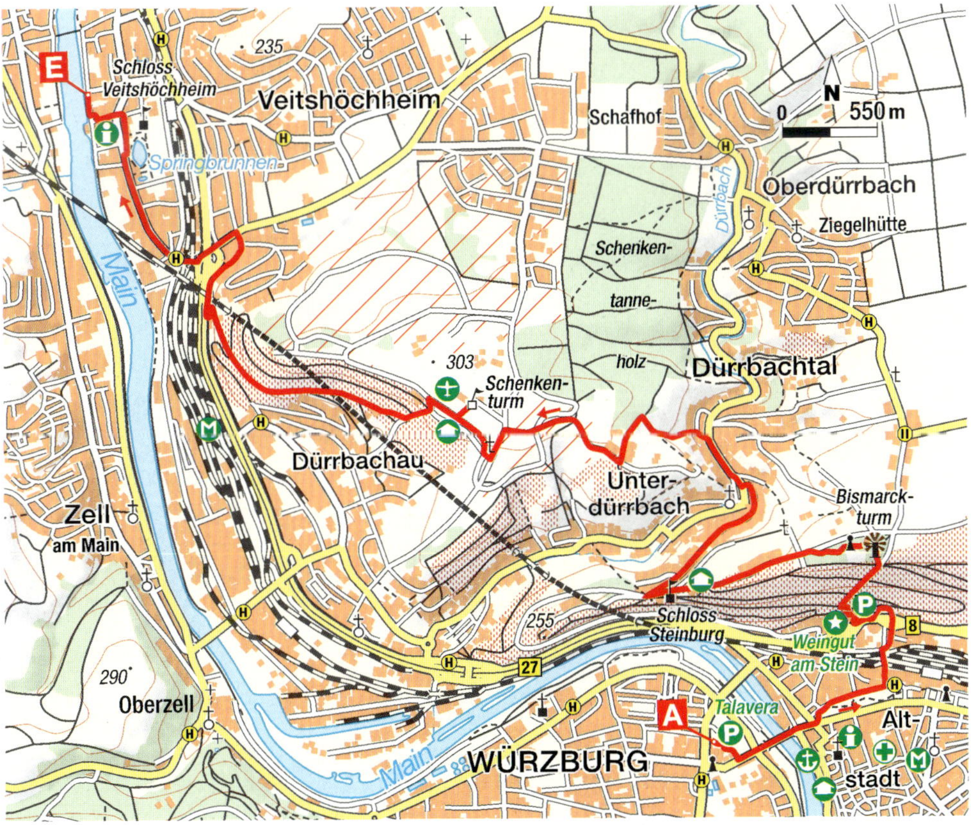

Ausflüge im Süden von Würzburg

Das Ochsenfurter Tor ist Teil der gut erhaltenen Stadtmauer des bezaubernden Ortes Sommerhausen.

13

»Daumen hoch« an Main und Tauber

Zwei Flüsse, Burgen und Schlösser, Klöster und Kirchlein begleiten Radfahrer von Tauberbischofsheim nach Würzburg. In Wertheim zeigen sich Zwerge optimistisch.

In der Fechtstadt Tauberbischofsheim schwingt man sich in den Sattel. Entspannt radelt es sich von dort ins fünf Kilometer entfernte Hochhausen. Vorbei an dem kleinen Tauberbrückchen mit dem Heiligen Nepomuk aus rotem Sandstein geht es über Niklashausen nach Gamburg. Sehr malerisch thront dort die im 12. Jahrhundert erbaute Burg über der Tauber. Sie zählt zu den ältesten der Region. Nachdem man eine Weile durch den schattigen Wald gestrampelt ist, kommt Bronnbach in Sicht mit seiner Abtei und der Klosterkirche von 1151. In der Vinothek dort werden edle Tropfen aus 21 Betrieben der drei Anbaugebiete des Taubertals angeboten: Baden, Württemberg und Franken. Weiter geht es in die Zwei-Flüsse-Stadt Wertheim. Auf dem Gelände der Tauberbrücke stehen knallbunte Gartenzwerge. Die freundlich dreinblickenden Wichte mit den Zipfelmützen sollen den Passanten mit ihren hoch gereckten Daumen ein Lächeln ins Gesicht zaubern. Die Wertheimer nennen sie die »Optimisten«, denn sie verteilen freimütig und offline Likes in die Welt. Hoch über der Altstadt erhebt sich mit der Burg Wertheim eine der schönsten und größten Steinburgruinen Süddeutschlands.

Idyllisch geht es nun auf dem MainRadweg weiter. Bald formt der Fluss eine Schleife. Das über tausend Jahre alte Kirchlein St. Jakob in Urphar grüßt am Wegesrand. Über Marktheidenfeld am Mainviereck erreichen wir mit Rothenfels zunächst die kleinste Stadt Bayerns und schließlich die Schneewittchenstadt Lohr. »Weiß wie Schnee, rot wie Blut und schwarz

INFOS

Start: Pestalozziallee, 97941 Tauberbischhofsheim
Ziel: Rottendorfer Straße, 97074 Würzburg
Dauer & Weglänge: 8 Std., ca. 130 km; mittelschwere Tour, gute Grundkondition erforderlich, überwiegend befestigte Wege, gut ausgeschildert, 560 Höhenmeter, kleinere Steigung kurz vor Reicholzheim
Besonderer Tipp: In Wertheim steht ein Haus auf dem Kopf (Toppels verdrehte Welt), in Zellingen können SUP-Boards ausgeliehen werden, in Erlabrunn gibt es einen Badesee.

Forst
Frammersbach
Langenprozeltener Forst
Gemünden am Main
Weyersfeld
Hammelburg
Gressth
Höllrich
Wülfershausen
Partenstein
Karsbach
Gauaschach
NSG
Neuendorf
Obersfeld
Gössenheim
Wernfeld
Schwebenried
Main
Partensteiner Forst
Bühler
Büchold
Aschfeld
Lohr am Main
Wiesenfeld
Eußenheim
Arnstein
Rechtenbach
Karlburg
Müdesheim
Gänheim
Karlstadt
Forst Lohrerstraße
Steinfeld
Mühlbach
Binsfeld
Thüngen
Neustadt am Main
Stadelhofen
Gramschatz
Hausen bei Würzburg
Himmelstadt
Retzstadt
Gramschatzer Wald
Urspringen
Zellingen
Rothenfels
Roden
Billingshausen
Bischbrunn
Hafenlohr
Karbach
Leinach
Güntersleben
Unterpleichenfeld
Marktheidenfeld
Birkenfeld
Rimpar
Esselbach
Veitshöchheim
Estenfeld
Erlenbach bei Marktheidenfeld
Lindleinsmühle
Greußenheim
Zell am Main
WÜRZBURG
Triefenstein
Remlingen
Hettstadt
Rottendorf
Hasloch
Uettingen
Kreuzwertheim
Holzkirchen
Höchberg
E
Gerbrunn
Waldbrunn
Helmstadt
Randersacker
Wertheim
Lindelbach
Eisingen
Theilheim
Urphar
Kist
Reichholzheim
Bronnbach
Reichenberg
Neubrunn
Altertheim
Eibelstadt
Höhefeld
Niklashausen
Gerchsheim
Gamburg
Kleinrinderfeld
Albertshausen
Sommerhausen
Werbachhausen
Geroldshausen
Külsheim
Werbach
Großrinderfeld
Ochsenfurt
Hochhausen
Kirchheim
Giebelstadt
A
Gaukönigshofen
Schweinberg
Tauberbischofsheim
Königheim
Hardheim
Grünsfeld
Wittighausen
N
2 km
Sonderhofen

Hoch über dem
Main thront die
Ruine Karlsburg.

Auf der Tauberbrücke in Wertheim verteilen knallbunte Gartenzwerge offline Likes in die Welt.

wie Ebenholz« soll die Märchenfigur als Maria Sophia Margaretha Catharina Freifräulein von Erthal 1725 in Lohr geboren worden und im wilden Spessart ausgesetzt worden sein. Im Schloss, das heute das Spessartmuseum beheimatet, hängt der »sprechende Spiegel«. Eine weitere Besonderheit sind die Hörbänke, auf denen man Geschichten lauschen kann. Wieder auf dem Rad, passiert man bei Karlstadt die Karlsburg. Bei Zellingen schwingen sich Weinbergzeilen in die Höhe und vorbei am Kloster Oberzell erreichen wir Würzburg.

Einkehr-Tipp

Das **Keiler Brauhaus** ist ein uriges Gasthaus mit fränkischer Küche und Sitzplätzen rund um den Sudkessel in Lohr. Spezialität ist das naturtrübe Kellerbier.

14

Safarifeeling mit Wein und Wolfsgeheul

In den Weinbergen von Markelsheim übernachtet man in einem Trapperbus. Abends klettert man aufs Dach und fühlt sich bei einem Glas »Tauberschwarz« den Sternen nah.

Gut, eine richtige Safari ist es nicht, denn der Trapperbus bewegt sich nicht von der Stelle. Abenteuerlich ist es trotzdem. So still ist es im Weinberg, dass man selbst das kleinste Geräusch hört, etwa von Rehen, die durch den Wald streifen. Und wenn dann auch noch die Wölfe zu heulen beginnen, fühlt man sich eben doch wie »unter wilden Tieren«. Das wohl größte Rudel Europas lebt in naturnah gestalteten Gehegen im nahe gelegenen Wildpark in Bad Mergentheim.

Seit 2012 bietet der Jakobshof Lehr in Markelsheim Übernachtungen in Holzfässern an. Neben dem Schlaffass mit Doppelbett steht jeweils noch ein zweites mit Wohn- und Sanitärbereich inklusive Rindenmulchtoilette. Die Fässer sind mit karierten Vorhängen, Tischdecken, Kissen, Fellen und Kerzen so kuschelig ausgestattet, dass ein Paar von 86 und 87 Jahren dort seine Diamantene Hochzeit feierte. Im Freien finden sich, von einem niedlichen Holzzaun umringt, Sitzmöglichkeiten und eine Liegebank. Zu den originellen Fässern kam 2020 der Trapperbus hinzu. Eine »Corona-Hau-Ruck-Aktion« in Kooperation mit Marcus Rügamer vom Wildpark, erzählt Conny Lehr, die auch auf ihrem Hof Ferienwohnungen vermietet.

Mit einer Leiter kann man dem Trapperbus auch aufs Dach steigen, den großen Sonnenschirm aufspannen, am Tischchen Platz nehmen, die Weinflasche öffnen und den Blick über die Weinberge am Roggenberg schweifen lassen. Noch schöner ist es, wenn die Sonne untergegangen ist und Tausende und Abertausende von Sternen am Himmel erstrahlen. So romantisch ist es dort, dass dort bereits der ein oder andere Heiratsantrag gemacht wurde. Hat man sich am Sternenhimmel sattgesehen, schlüpft man im Bus unter die Decke und schläft, bis man von den ersten Sonnenstrahlen wieder wachgekitzelt wird.

INFOS

Adresse: Jakobshof Lehr,
Bachgasse 3, 97980 Bad Mergentheim
Besonderer Tipp: Wein- und Gästeführerin Conny Lehrs Panoramafahrt mit dem Gelben Wagen durch die Weinberge mit Infos vom Winzer, 4er-Weinprobe und Akkordeonmusik zum Mitsingen, zum Beispiel »Hoch auf dem gelben Wagen« und »Der Salzbergwerkzwerg«.

In den Weinbergen von Markelsheim können Naturliebhaber in einem Trapperbus übernachten.

»Das Besondere an der Übernachtung in den Weinbergen ist, dass man die Natur und die Ruhe dort ganz bewusst wahrnimmt und einfach mal abschalten kann«, erklärt Conny Lehr. Den Platz findet man mithilfe einer Schatzkarte, sonst muss man sich eigentlich um nichts kümmern. Für Übernachtungsgäste im Trapperbus – und ebenso in den Weinfässern – gibt es einen »Rotkäppchenkorb« mit regionaler Brotzeit, Wasser, Secco und Wein. Darunter ist auch eine Flasche »Tauberschwarz«, eine Rebsorte, die nur im Taubertal angebaut wird – und morgens wird das Frühstück zum Bus gebracht.

Einkehr-Tipp

Eine Besonderheit im **Restaurant Schurk** in Markelsheim ist die Weinlaube mit hübschem Licht- und Schattenspiel. Der 1926 gepflanzte Weinstock bildet heute ein Blätterdach.

15

Burger, Bus und Badestrand

Eine Runde schwimmen, faulenzen, die Sonne genießen. Sommerfeeling verspricht die Erholungsoase am Main in Eibelstadt. Und der »Heiße Franke« ist auch nicht weit.

Das Wasser schwappt einladend an den Strand der hübschen Bucht. Die Sonne scheint, Badegäste erfrischen sich in den kühlen Fluten. Andere sonnen sich auf Liegestühlen oder entspannen an einem der Schattenplätze. Auch unter den Sonnenschirmen im kleinen Biergarten ist was los. Überall herrscht Ferienstimmung am Mainufer in Eibelstadt.

Auf insgesamt drei Hektar entstand in den vergangenen Jahren am Main eine Oase für Erholungssuchende. Für Familien mit kleineren Kindern gibt es einen Naturspielplatz mit Himmelsschaukeln und Geräten aus Holz. Sportliche finden einen Volleyballplatz, Fitnessgeräte, einen Balancierparcours und Slacklines. SUP-Boards für Ausflüge auf dem Main werden verliehen. Bootsführer können anlegen. Es gibt eine Boulebahn, eine Aussichtsplattform und eine Picknickwiese.

INFOS

Adresse: Freizeitgelände und »Heißer Franke«, Mainlände, 97246 Eibelstadt

Auch ein 30 Jahre alter Linienbus, der jahrelang Kinder in die Schule gefahren hat, steht auf dem Gelände. Jochen Würtheim und Carina Valting haben das gute Stück aus der Eifel geholt und eine Küche und eine Theke eingebaut. Jetzt trägt der Food-Truck den Namen »Heißer Franke«, weil es »Heißes« und »Fränkisches« gibt. Bratwürste mit Kraut und Pommes natürlich, aber auch Burger. Der Renner bei den Gästen ist der »Franken-Beef« mit Brioche-Buns, »Gerupftem« (angemachter Käse aus Camembert) und selbst kreierter Spezialsauce. Vegetarier greifen zum Quinoa-Patty. Auch Weißwurst mit Brezel, Salate und lokale Weine und Biere gibt es. Die Zutaten kommen laut Jochen Würtheim aus der Region, die Brötchen beispielsweise von einem Bäcker aus Eibelstadt, das Fleisch von einem Metzger aus Kleinlangheim. Zum »Heißen Franken« gesellte sich kurz nach der Eröffnung bereits die »Süße Fränkin« mit einem Angebot an leckeren Eisbechern.

Legt sich die Dämmerung über die Mainlände, ist Zeit für Open-Air-Kino. In Kooperation mit dem Kino Casablanca in Ochsenfurt werden zu bestimmten Terminen Filme unter

»Heißer Franke« heißt der umgebaute Linienbus, in dem Burger und Bratwürste gebraten werden.

freiem Himmel gezeigt. Die Gäste sitzen auf Stühlen oder liegen auf Picknickdecken und genießen den lauen Sommerabend mit guter Unterhaltung in entspannter Atmosphäre. Weil die Erholungsoase mit allem Pipapo direkt am MainRadweg zwischen Würzburg und Ochsenfurt liegt, machen auch Radler dort gerne Rast.

Einkehr-Tipp

Neu und modern interpretierte fränkische Küche gibt es im **Weinforum** in Eibelstadt. Im Sommer sind die Plätze auf der Terrasse und im mit Reben bewachsenen, romantischen Innenhof beliebt.

Lauschiges Plätzchen am Main bei Eibelstadt

16

Auf dem Weg nach Rom

Diese romantische Route führt von Würzburg am Main entlang bis nach Sommerhausen. An »Balthasars Badewanne« vorbei geht es weiter bis zum einmaligen Torturmtheater.

Ein altes Sprichwort behauptet: »Alle Wege führen nach Rom«. Die Via Romea endet wirklich in der Hauptstadt Italiens, aber so weit muss man nicht wandern. Auf einem Teil dieses Pilgerwegs aus dem 13. Jahrhundert gelangt man am Main entlang von Würzburg nach Sommerhausen. Praktisch: Auf der gesamten Strecke kann man sich am Wegweiser »Via Romea« orientieren, einem Bischofsstab auf blauem Grund.

Los geht es vom Würzburger Dom zur Alten Mainbrücke. Dort wendet man sich nach links und folgt dem MainRadweg Richtung Süden. Vor der malerischen Kulisse von Festung Marienberg, Käppele und Würzburgs zweitältester Kirche St. Burkard auf der gegenüberliegenden Mainseite spaziert man zum Stadtstrand. Weiter geht es durch die Grünanlagen zum Graf-Luckner-Weiher und nach weiteren zweieinhalb Kilometern heißt der Ort Randersacker willkommen. In der Ortsmitte steht ein goldfarbener Brunnen mit Füßen, der den Namen »Balthasars Badewanne« trägt. Würde man sich hineinlegen, hätte man den von Barockbaumeister Balthasar Neumann geschaffenen Gartenpavillon genau im Blick.

In Eibelstadt umschließt die historische Stadtmauer den Ort mit der Mariensäule und dem spätbarocken Amtshaus des Würzburger Domkapitels. Im Dachtürmchen hängt ein Wein- und Steuerglöcklein aus dem 14. Jahrhundert. Durch die Weinberge erreicht man den zauberhaften Ort Sommerhausen, der Galerien mit zeitgenössischer Kunst und das einzigartige Torturmtheater zu bieten hat. Die unmittelbare Nähe zur Bühne macht es möglich, das Publikum mit einzubeziehen. Die Kulturstätte versteckt sich im Bogen des Würz-

INFOS

Start: St.-Kilians-Dom, Domstraße 40, 97070 Würzburg
Ziel: Torturmtheater Veit Relin, Hauptstraße 1, 97286 Sommerhausen
Dauer & Weglänge: 3–4 Std., 14 km auf befestigten Wanderwegen
Besonderer Tipp: Mit dem Fahrrad geht es am Main weiter bis Ochsenfurt (ca. 20 km). Sehenswert dort ist das Trachtenmuseum. Tipp für Familien: Tierpark Sommerhausen mit Anziehkämmerle.

Die Weinberge von Sommerhausen im bunten Herbstkleid

burger Tors in Sommerhausen. 1976 übernahm der österreichische Schauspieler Veit Relin das Kleinod, welches er mit Ur- und Erstaufführungen zeitgenössischer Autoren erfolgreich weiterführte und bekannt machte. Sein Credo: »Auch in einem kleinen Theater kann man große Kunst machen.« Nach Veit Relins Tod übernahm seine Witwe Angelika Relin die Leitung des Theaters. In dem persönlich geführten Haus wird lebendiges, unterhaltsames und anspruchsvolles Theater gespielt.

Einkehr-Tipp

Sehr idyllisch ist es in dem von uralten Mauern eingerahmten Innenhof im **Gasthof Bären** in Randersacker (fränkische Küche).

17

Fast zu schön, um wahr zu sein

An der Tauber lassen sich Mühlen abklappern und beim Bummel auf der mittelalterlichen Stadtmauer kann man so manchen pittoresken Winkel entdecken. Rothenburg ist ein wahr gewordener Märchentraum.

Malerisch, mittelalterlich, märchenhaft – Rothenburg ob der Tauber kann sich mit vielen Attributen schmücken. Für ein erstes Rendezvous mit dem romantischen Städtchen empfiehlt sich der einzigartige Turmweg auf und entlang der überdachten Stadtmauer. Dutzende historische Türme, fünf Haupttore und wuchtige Bollwerke sind zu entdecken. Auch so mancher Geheimgang lässt sich ausmachen.

INFOS

Start & Ziel: Turmweg: Rödertor; Wanderung Schandtaubertal und Mühlenweg: Wildbad, Taubertalweg 42; Wanderung Blinkbachtal (siehe Karte): Eselsbrücke an der Straße nach Schrozberg; weitere Infos: Rothenburg Tourismus Service, Marktplatz 2, 91541 Rothenburg ob der Tauber.
Dauer & Weglänge: Wanderung Schandtaubertal: ab Wildbad hin und zurück 4 Std., 12 km; Wanderung Blinkbachtal: ab Eselsbrücke bis Klingentor 2 Std., 4 km

Los geht es am Rödertor, Treppen führen hinauf, zum Wehrgang, und dann weiter zum Galgentor, und zum Klingentor mit der sehenswerten Kirche St. Wolfgang mit ihren Kasematten und dem Schäfermuseum. Es lohnt sich, immer wieder zu verweilen und die Aussicht auf den Weißen Turm, die Kirche St. Jakob und die vielgestaltige Dächerlandschaft zu genießen. Hinter den dicken Mauern sind so manche Gartenparadiese verborgen. An steilen Felshängen geht es schließlich vorbei bis zur Spitalbastei.

Auch einen Bummel durch die hübschen Gassen des Tauberstädtchens, etwa durch die Untere Schmiedsgasse und die Herrngasse, in der sich einige der ältesten Anwesen Rothenburgs befinden, sollte man nicht versäumen. Das heutige Hotel Herrnschlösschen gilt als ältestes Steinhaus der Stadt. Sehenswert sind der Marktplatz mit dem Rathaus und die Jakobskirche, unter der eine Straße hindurchführt. Schauerlich, angsteinflößend und höchst informativ ist das Mittelalterliche Kriminalmuseum, in dem eine Eiserne Jungfrau, Schandmasken, Streckbänke, Daumenschrauben und

Blick vom Hochzeitswäldchen auf Rothenburg

andere Foltergeräte zu sehen sind. Romantiker lieben es, bei Käthe Wohlfahrt reinzuschneien. Der Laden ist das ganze Jahr über Weihnachtswinterwunderland. Das wohl bekannteste Fotomotiv ist allerdings das pittoreske Plönlein. Übersetzt heißt Plönlein »Kleiner Platz« und dazu gehören ein kleines, gelbes und ziemlich schiefes Fachwerkhaus, ein Brunnen sowie zwei Türme der Stadtmauer.

Rothenburg ist innerhalb der Stadtmauer schön, aber ebenso außerhalb. Im Tal schlängelt sich die Tauber. Wanderwege gibt es zum Beispiel am Waldbad sowie von der Schmelz-,

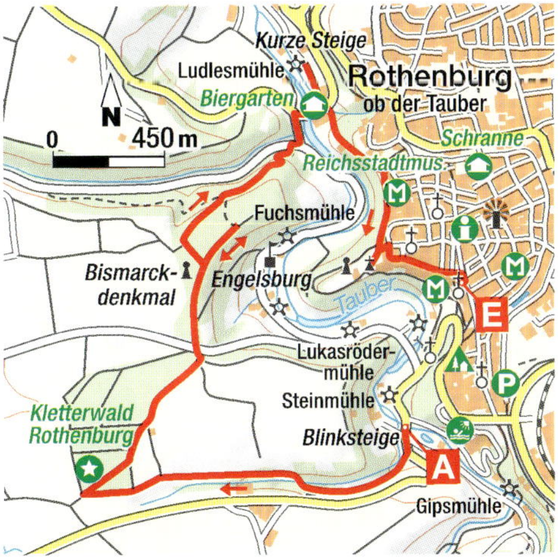

Das pittoreske Plönlein ist das wohl bekannteste und beliebteste Fotomotiv in Rothenburg.

Papier- und Obermühle bis nach Bettenfeld. Ebenfalls dorthin gelangt man über ein Seitental an der wildromantischen, im Sommer durch den Wald herrlich kühlen Schandtauber. Im Ort angekommen, schaut man sich das romanische Kirchlein St. Wendelin mit den bemalten Holzemporen aus dem frühen 17. Jahrhundert an und kehrt beispielsweise im Grünen Baum ein.

Wer unberührte Natur mit bildschönen Aussichten kombinieren möchte, startet an der Eselsbrücke über der Tauber in das Blinktal. Ein schmaler Pfad führt zunächst stetig nach oben. Vögel zwitschern in den Baumkronen. An den Stämmen rankt Efeu empor. Links plätschert der Blinkbach, dessen Fluss immer wieder von wuchtigen, bemoosten Steinen unterbrochen wird. So, als hätte ein Riese beim Bauen eines Wehres die Lust verloren und das Aufräumen vergessen. Immer wieder queren umgestürzte Bäume den Bach und man fragt sich unwillkürlich, ob der Balanceakt zum gegenüberliegenden Ufer gelingen kann.

Oben angekommen, spitzen wie Zwergenmützen die Türme von St. Jakob und dem Rathaus hinter dem Feld hervor. Man kommt am Amerikanerwäldchen – der Name stammt vermutlich von um 1900 gepflanzten nordamerikanischen Douglasien, am Kletterwald und am Hochzeitswäldchen vorbei. Ein paar hundert Meter weiter öffnet sich eine Lichtung mit dem schönen Namen Engelsburg. Von der Anlage ist heute nichts mehr übrig. Der Name, so wird vermutet, stammt vom mittelhochdeutschen Wort »engein« ab, das so viel wie »gegenüber« bedeutet. Und auf der Höhe gegenüber thront wie aus einer anderen Zeit das einzigartige Ensemble aus Türmen, Häusern, Dächern und Mauern und man versteht, warum das Tauberstädtchen Rothenburg den Namen »Fränkisches Jerusalem« trägt. Die Bank an der Engelsburg ist perfekt, um dort den Picknickrucksack auszupacken und dabei die Aussicht zu genießen.

Auf der Höhe wandert man weiter bis zum Bismarck-Denkmal und über eine Waldlichtung. Wer ein Plätzchen für ein heimliches Tête-à-Tête sucht, findet vielleicht die Bank im Dickicht auf der rechten Seite. Weiter links führt ein Waldweg in Serpentinen hinunter zur Barbarossabrücke und zum Biergarten »Unter den Linden« an der Tauber. Herrlich, dort zu sitzen und dem munter dahinplätschernden Bach zu lauschen.

Die »Kurze Steige« ist so kurz gar nicht und macht Mühe. Oben angekommen, geht es an der Stadtmauer und am Turmweg entlang. Tafeln informieren über den Strafturm, das ehemalige Dominikanerinnenkloster und das Burgtor mit dem »Mannloch«. Wer früher nach Torschluss noch Einlass begehrte, musste sich durch einen schmalen Durchlass zwängen. Wer sich vom Aussichtsbalkon »Burggarten« am grünen und blühenden Tal, den Türmen und den sich darunter duckenden Häusern sattgesehen hat, schlendert durch die Weinberge »An der Eich« an der Rothenburger Riviera. Sonnenklar, dass die Reben diesen warmen Standort lieben. Die Wanderer und Rothenburg-Besucher lieben ihn nicht minder.

Einkehr-Tipp

Eine große Auswahl so richtig toller Cocktails und vegane Leckereien gibt es im **Mucho Amor Café & Bar**.

Malerisch präsentiert sich Castell vor dem Schlossberg.

Ausflüge im Osten von Würzburg

18

Nach oben auf dem »Kniebrecher«

Diese anspruchsvolle Fahrradtour vereint die schönsten Orte rund um den Schwanberg und führt von Wiesentheid über Iphofen, Rödelsee und Wiesenbronn nach Prichsenstadt.

Startpunkt für diese anspruchsvolle Steigerwaldtour ist die Barockkirche St. Mauritius in Wiesentheid. Der gut ausgeschilderte Radweg führt zunächst vorbei am Schloss Rüdenhausen nach Castell. Besonders Sportliche fahren dort den zwei Kilometer langen, steilen, sogenannten »Kniebrecher« hoch und gönnen sich, oben angekommen, im Biergarten im Landgasthof Zum Storch in Wüstenfelden die erste Erfrischung. Danach verabschiedet man sich für eine Weile vom Landkreis Kitzingen und ist plötzlich nicht mehr von Weinbergen, sondern von Mischwäldern umgeben. Über Stierhöfstetten, Krettenbach, Oberscheinfeld und Ziegenbach gelangt man nach Birklingen, wo mit dem Augustiner am See eine ausgezeichnete Küche in schöner Lage zur Einkehr ruft. Etwas sanfter ist die Tour von Castell über die sieben Kilometer lange Ortsverbindungsstraße nach Birklingen, aber ohne Schweißperlen sind auch dort die ersten beiden Kilometer nicht zu bewältigen.

Von Birklingen aus führt eine wenig befahrene Straße an der mehrere 100 Jahre alten »Bildeiche« vorbei nach Iphofen und weiter nach Rödelsee. Wer den knapp 500 Meter hohen Berg am westlichen Rand des Steigerwaldes nicht nur umfahren, sondern erklimmen möchte, biegt kurz nach Rödelsee rechts ab und nimmt die Straße nach oben zum Schloss. Mountainbiker haben die Wahl zwischen zahlreichen Weinberg- und Waldwegen. Unten führt der Radweg weiter nach Wiesenbronn, wo immer Anfang August ein kleines, feines Weinfest gefeiert wird. In Wiesenbronn bietet sich ein Abstecher zum Bio-Weingut Roth an. Seit 1974 wird dort ökologischer Weinbau betrieben. Wer danach nicht mehr weiterradeln möchte, checkt im Rothweinhotel ein.

INFOS

Start & Ziel: St. Mauritius Wiesentheid
Dauer & Weglänge: mit Stopps ein Tag, 45 bis 60 km, mittelschwer bis anspruchsvolle Tour auf Fahrradwegen und wenig befahrenen Straßen
Besonderer Tipp: In Feuerbach kann man im Filmschiff »Erbse«, bekannt aus dem Kinofilm »Lola auf der Erbse« übernachten. Es steht auf einer Wiese und wurde zur Ferienwohnung für bis zu sechs Personen umgebaut.

Einkehr-Tipps

Kreative fränkische Küche schmeckt im **Landgasthof zur Krone** in Prichsenstadt-Brünnau. Radlerfreundlich ist der **Gasthof zur Traube** in Ziegenbach.

Von Wiesenbronn geht es auf dem Radweg weiter nach Kleinlangheim mit seiner sehenswerten Kirchenburg. Über Feuerbach und Wiesentheid gelangt man nach Prichsenstadt. Nach einem Bummel durch die fast vollständig erhaltene mittelalterliche Altstadt geht es zurück zum Ausgangspunkt.

Das Rödelseer Tor in Iphofen

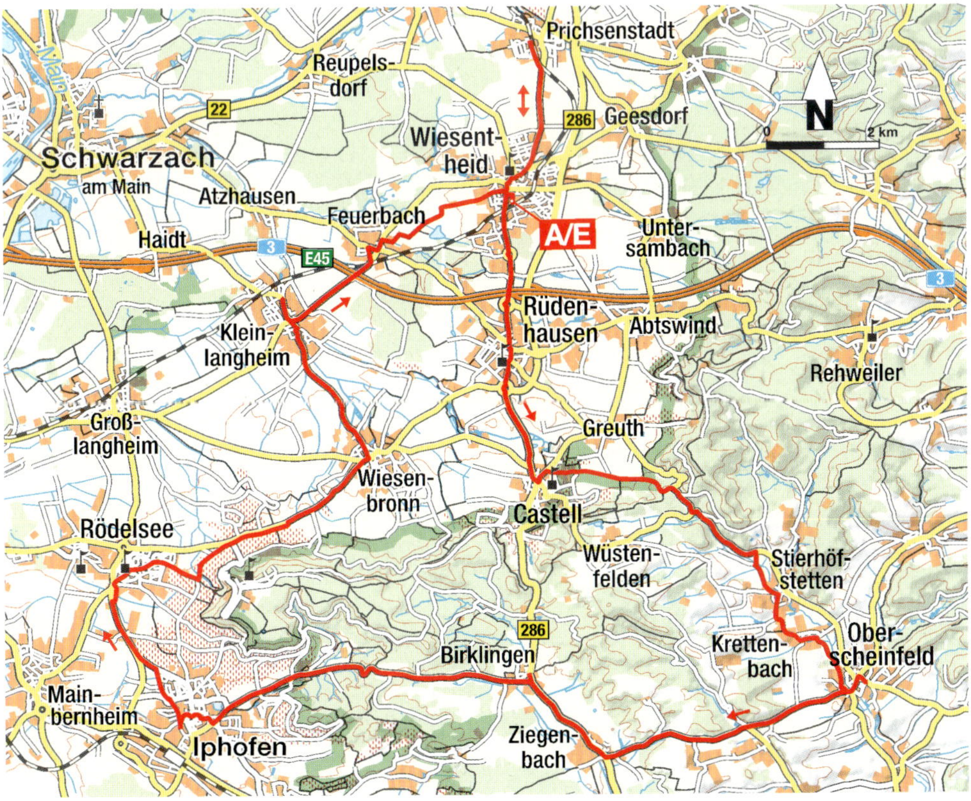

19

Ein Ort der Magie

Wenn sich der Vorhang hebt, wird der Zuschauer wie durch einen magischen Sog in die Erzählung hineingezogen. Er vergisst Raum und Zeit, obwohl nur Papierfiguren agieren.

Seit dem Biedermeier Anfang des 19. Jahrhunderts und bis zum Beginn von Kino und Fernsehen war Papiertheater eine beliebte Freizeitbeschäftigung. Verlage verkauften Ausschneidebögen, und so konnte man im eigenen Heim klassische Dramen, Opern und Theaterstücke einstudieren und auf den winzigen Bühnen Freunden und Verwandten darbieten. Gabriele Brunsch betreibt seit 2003 das Papiertheater Kitzingen. Sie ist Feuer und Flamme für diese Darstellungsform. In der Grabkirchgasse öffnet sie regelmäßig ihre Miniatur-Kunst-Bühne und lädt Kinder und Erwachsene ein, sich in diese Welt der Fantasie zu begeben. 25 Zuschauer finden im Theaterraum mit Kreuzgewölbe Platz. Man sitzt im Dunkeln. Nur die Bühne, nicht größer als ein Fernseher aus den 1950er-Jahren, ist beleuchtet.

Die Bühne besteht aus einem Holzgerüst, das von einem schwarzen Samtvorhang umhüllt ist, damit kein Licht durchscheinen kann. Dahinter befinden sich Platten mit bis zu 15 Fugen für die Szenenbilder der Akte, die Requisiten und Versatzstücke. Auch die Figurinen – so heißen die Figuren beim Papiertheater – bewegen sich in diesen Fugen. Ertönt die Musik, beginnt die Erzählung. Die verschiedenen Rollen sprechen Menschen mit angenehmen Stimmen. Gabriele Brunsch hat sie vorher einzeln aufgenommen und mit ausgewählter Musik zu einem Hörspiel verarbeitet. Weil dieses den Rhythmus der Bühnenarbeit bestimmt, muss jeder Handgriff sitzen, denn Gabriele Brunsch bedient Vorhang, Figurinen, Lampen und Dimmer alleine.

Die Papiertheaterintendantin adaptiert Märchen wie *Kalif Storch*. Sie schreibt aber auch eigene märchenhafte Geschichten, Komödien und Tragödien mit Titeln wie *Vom kleinen Drachen und der Aprikosenblüte*, *Das Geheimnis des Gartens* und *Nur das Hauchen des Windes*, das am japanischen Kaiserhof spielt. Dazu bastelt sie vielgestaltige Collagen und malt und zeichnet ihre aufwendig und liebevoll gestalteten Kulissen und Figurinen in ihrem Atelier selbst. Beim Singspiel *Der Fliegende Holländer* nach Richard Wagner müssen etwa 50 Figuren in den drei Akten punktgenau bewegt werden. Die kreative Tätigkeit

INFOS

Adresse: Papiertheater, Grabkirchgasse 4, 97318 Kitzingen
Besonderer Tipp: Aufführungen an zwei Wochenenden im Monat, Sa und So 17 Uhr, Reservierung über die Website papiertheater-kitzingen.de

Das Märchen *Kalif Storch* gehört zum Repertoire.

bereitet ihr große Freude. Zusammen mit den aufwendig gestalteten Hörspielen wird jedes Stück zu einem Gesamtkunstwerk mit besonderem Charme. Übrigens: 2021 wurde das Papiertheater in die Liste des immateriellen Kulturerbes der UNESCO aufgenommen.

Einkehr-Tipp

Die Pizzeria **La Pergola** in Kitzingen hat gute Chancen, zum Lieblingsitaliener zu werden.

Die Geschichte von Dido und Aeneas ist ein zeitloser Mythos, der die Zuschauer fasziniert.

20

Vom Kuckucksnest zur halben Acht

Ein Spaziergang entlang der Wehrmauer und eine Wanderung in den Weinbergen gewähren märchenhafte Blicke in die verwinkelten Gassen und auf die vielgestaltige Dachlandschaft von Sulzfeld.

Wie im Mittelalter ist Sulzfeld von einer Wehrmauer umschlossen. Sie ist 900 Meter lang, zählt 18 Türme und drei Tore, ist aber inzwischen nicht mehr ganz so hoch. Errichtet wurde sie, weil der Ort am Main einst die Landesgrenze zwischen dem katholischen Fürstbistum Würzburg und dem protestantischen Herrschaftsbereich der Markgrafen von Ansbach bildete. Als sich Sulzfeld nicht mehr verteidigen musste, wurde den Bewohnern erlaubt, einen Teil der Steine abzutragen und für den Bau ihrer Häuser zu verwenden. Seinen märchenhaften Charme hat sich der Ort trotzdem bewahrt. Sulzfeld ist ein Kleinod, das man gesehen haben muss. Und sie ist der Geburtsort einer kulinarischen Besonderheit. Im Jahr 1953 ließ sich im Gasthof Löwen ein Mitglied des Würzburger Vereins für Freizeitgestaltung und Erholung die Bratwurst mit Sauerkraut und Bauernbrot schmecken und war so begeistert, dass er rief: »Die Wurscht könnt ich meterweis ess!«. Der Metzgermeister und Gastwirt Lorenz Stark ließ sich nicht lumpen. Er verschwand schnurstracks in seiner Wurstküche und kam nach einer halben Stunde mit einem meterlangen Exemplar heraus. Das brutzelte er in der Pfanne goldbraun und überreichte es dem staunenden Gast. Die Meterbratwurst war geboren. Seither zieht sie Genießer an, aber auch so manch ambitionierten Wettesser. Denn noch immer gilt: Falls es einer schafft, den aktuellen Meterbratwurst-Rekord zu brechen, zahlt der Wirt die Zeche. Das gilt für alle Sulzfelder Gaststätten, die die Spezialität anbieten.

INFOS

Start & Ziel: Mainlände in Sulzfeld, dort sind auch Parkplätze vorhanden.
Dauer & Weglänge: Sowohl der Spaziergang entlang der Wehrmauer als auch die Wanderung in den Weinbergen sind nicht anspruchsvoll, gutes Schuhwerk ist empfehlenswert. Für den 2,5 km langen, ausgeschilderten Maustal-Weinwanderweg benötigt man ca. 4 Std.
Besondere Tipps: Das Weinfest findet Anfang August statt. Weinproben gibt es im Weinberg und im Weingut Roland Staudt, Am Maustal 3, 97320 Sulzfeld, weingut-staudt.de.

Blick auf Sulzfeld

Die Mainwiesen sind im Sommer ein beliebter Bade- und Sonnenplatz. Gegenüber gelangt man durch das mächtige Obere Maintor, auch Polizeidienerturm genannt, in den Ort und wendet sich nach rechts. Vorbei am Kuckucksnest, einem auf einem Turm sitzenden, kleinen Häuschen, erreicht man den höchsten Punkt Sulzfelds. Vom Höhnleinsturm mit dem überdachten Treppenaufgang und den Dacherkern meldete der Türmer einst anrückende Feinde von außerhalb und Rauch innerhalb der Wehrmauer. Weiter geht es zum Nachtwächterturm und zur Kirche St. Sebastian mit der Ölberggruppe von 1497 aus der Riemenschneiderschule. Ins Grübeln kommen viele bei der Jahreszahl. Hier ist des Rätsels Lösung: Im Mittelalter war es üblich, die Vier als halbe Acht zu schreiben. Auch ein Epitaph des Bildhauers Hans Keesenbrod ist an der Außenwand angebracht und zeigt den 1534 verstorbenen

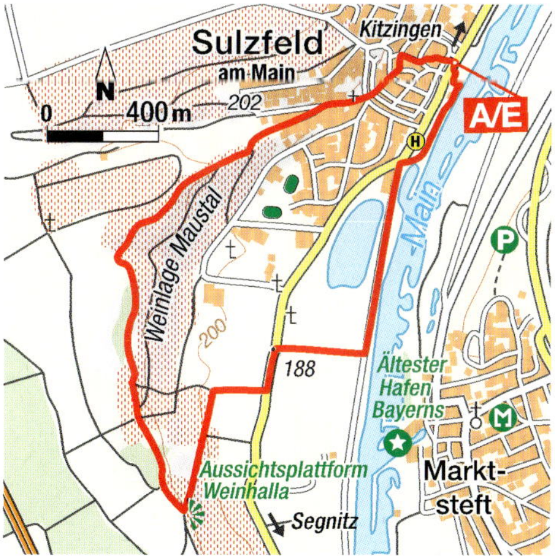

Vom Höhnleinsturm mit dem überdachten Treppenaufgang und den Dacherkern meldete der Türmer einst anrückende Feinde.

Schultheiß Götz und seine fünf Frauen. Im ehemaligen Lehrergärtchen gegenüber pflanzen die Sulzfelder Weinprinzessinnen traditionell einen Rosenstock. Weiter geht es zum Jocklerturm, der als Ferienwohnung vermietet wird, zum Unteren Maintor und zum Ausgangsplatz.

Im ganzen Ort schmücken Hausfiguren die Gebäude. Besonders viele sind in der Kettengasse zu sehen. Das prächtige Renaissance-Rathaus wurde auf Geheiß des Fürstbischofs Julius Echter im Jahr 1609 erbaut, obwohl der Ort damals nur 300 Einwohner zählte. Auch interessant: In Sulzfeld gab es einst ein Beginenhaus, in dem Frauen aus religiösen oder wirtschaftlichen Gründen zusammenlebten. Der »Eselshof« ist nicht nach den Grautieren benannt, sondern nach dem Altenschönbacher Adelsgeschlecht derer von Esell, die in Sulzfeld ein Lehen hatten. Das zweite »l«, so glaubt man, ging über die Jahrhunderte möglicherweise wegen eines nachlässigen Schreibers irgendwann einmal verloren.

Sulzfeld ist ein Winzerdorf wie aus dem Bilderbuch. Links und rechts des malerischen Ortes schwingen sich Rebzeilen nach oben, unten fließt der Main träge dahin. Die bekannten Weinlagen Sulzfelds tragen die Namen »Maustal« und »Cyriakusberg«. Wer nach der Besichtigung des pittoresken Ortes noch Lust auf schöne Aussichten hat, dem sei ein Streifzug auf dem Weinwanderweg »Maustal« empfohlen. Dieser etwa fünf Kilometer lange Rundkurs führt durch die Sulzfelder Flur und die Weinreben, an denen neben den Weißweintrauben Silvaner, Müller-Thurgau, Riesling, Bacchus, Kerner und Burgunder auch Rotweine wie Domina, Dornfelder oder Blauer Spätburgunder gedeihen. Die Wanderer kommen dabei durch alte Hohlwege, durchqueren kleine Waldstücke und passieren alte Obstwiesen. Während der Tour informieren 13 Tafeln über die verschiedenen Weinsorten sowie über die Besonderheiten der Landschaft. Gestaltet wurden sie von dem Sulzfelder Künstler Harald Schmaußer.

Eine tolle Möglichkeit zum Rasten bietet der überdachte Aussichtspunkt »Weinhalla« mitten in den Weinbergen. Von dort aus genießt man einen herrlichen Blick ins Maintal und bei schönem Wetter bis zum Steigerwald. Gut, wenn man vorgesorgt und einen Bocksbeutel und Gläser dabeihat. Denn am besten schmeckt der Wein dort, wo er wächst.

Weinprobe mit Familie Staudt mitten in den Weinbergen

Das weiß auch Familie Staudt vom gleichnamigen Weingut, die Weinproben deshalb direkt in den Weinbergen veranstaltet. Auf dem Maustal-Wanderweg kommt man an der Sitzgruppe aus Muschelkalk vorbei, die die Verbindung zum Boden schafft, auf dem der Wein gedeiht. Silvaner und Domina im Glas reifen nur einen Meter vom Probiertisch entfernt am Rebstock. Besonders schön ist so eine 3er-, 4er- oder 6er-Verkostung, wenn die untergehende Sonne das Panorama in rotgoldenes Licht taucht, wenn während der Traubenblüte ein unbeschreiblich süßer Duft über dem Hang liegt oder die goldgelben Trauben reifen. Auf Anfrage organisiert Gisela Staudt auch kurzfristig eine Verkostung, auf Wunsch mit dazu passenden Speisen. Auf elf Hektar Rebfläche baut Roland Staudt in den Lagen Maustal und Cyriakusberg vor allem Silvaner, aber auch Weiß- und Grauburgunder sowie weitere Weiß- und Rotweinsorten naturnah an. Seit 2018 ist das Weingut als Bio-Betrieb zertifiziert. Nach der behutsamen Lese per Hand, bei der die ganze Familie mit anpackt, und der sogenannten Spontangärung durch natürliche Hefen reifen sehr individuelle und charaktervolle Weine – auch in Holzfässern. Aus den naturnah angebauten Rebsorten entstehen zusätzlich Sekte und Seccos.

Einkehr-Tipp

Liebhaber der fränkischen Küche sind im **Gasthaus zum Stern** richtig. Dort gibt es auch die Meterbratwurst.

21

Landpartie vom Feinsten

Kultur und Kulinarik verbinden sich vortrefflich beim Theaterpicknick im Casteller Schlossgarten. Aber auch das Weinfest und die idyllische Traumrunde begeistern.

Im Schatten vor der Schlossmauer breitet ein Paar eine Decke aus. Eine ältere Dame holt Geschirr und Besteck aus ihrem Picknickkorb aus Bast. Viele Besucher tragen Hüte, was der Szenerie etwas Mondänes verleiht. Durften sich noch Anfang des 19. Jahrhunderts ausschließlich höfische Gesellschaften zum Schlemmen ins Freie begeben, öffnet jetzt die Familie der Fürsten zu Castell-Castell den Schlossgarten einmal im Jahr für das Theaterpicknick.

100 bis 200 Besucher kommen jedes Jahr im Frühsommer zu der Veranstaltung. Für viele ist es mittlerweile liebgewonnene Gewohnheit. Wer sich nicht ins Gras setzen möchte, nimmt an einem der Tische unter den hohen, Schatten spendenden Bäumen Platz. Getränke werden ausgeschenkt. Manche haben ein Picknick im Bistro Gin & Coffee vorbestellt. Und dann geht es nur noch ums Genießen: die Leckereien, den Wein, die Aufführung des Fränkischen Theatersommers auf der Wanderbühne und das Ambiente dieser ganz besonderen Landpartie.

Auch abseits des Theaterpicknicks begeistert Castell, das sich bei der Anfahrt von Wiesenbronn aus sehr malerisch vor dem Schlossberg präsentiert. So ist urkundlich verbrieft, dass der erste Silvaner, Frankens berühmteste Rebe, 1659 in diesem Ort gepflanzt wurde. Nicht nur an einem, sondern gleich an zwei Wochenenden wird das Weinfest in der Silvaner-Residenz gefeiert. Drei Dinge, weiß Carolin Meyer aus Castell-Greuth, muss man auf einem Weinfest getan haben: eine Bratwurst essen, einen Silvaner trinken und zur Musik tanzen. Sie muss es wissen, war sie doch von 2019 bis 2022 Fränkische Weinkönigin. Damit das mit dem Tanzen klappt, gibt es im Schlossgarten vor der Reithalle einen Tanzboden. Das kulinarische Angebot geht über Würste und angemachten Käse (sehr lecker zum Wein!)

INFOS

Start & Ziel: Schlossgarten, Castell; für die Wanderung: Info-Pavillon Ortsmitte
Dauer & Weglänge: ca. 4 Std., 13 km
Besonderer Tipp: Für die Wanderung Picknick und Wein mitnehmen und unterwegs zum Beispiel bei der »schönsten Weinsicht Deutschlands 2012« rasten und Brotzeit machen.

Das Weinfest in Castell ist eines der schönsten im Frankenland.

hinaus. So gibt es auch Neues, etwa Knuspergarnelen im Bambuskörbchen.

Ist gerade kein Weinfest, können die Weine an der Theke in der Domäne verkostet werden. Führungen durch den historischen Schlosskeller, in dem in einem Granitfass ein gemischter Satz reift, sowie durch den Porträtkeller mit den Weinen der Fürstenfamilie werden – inklusive Weinprobe – angeboten. Die Weinberge selbst können zu Fuß auf der Traumrunde erkundet werden, was besonders schön ist, wenn im Frühjahr die gelbe Weinbergstulpe blüht.

Einkehr-Tipp

Besonderheiten wie Gin Tasting, Afternoon Tea und Dinner Dates mit 16 Personen bietet regelmäßig das **Gin & Coffee** in Castell an.

Die Bank bietet Rast und schöne Aussichten.

22

Wo der Graf selbst die Würste brät

Eine schmale Steinstiege führt vom urigen Weinkeller durch eine Fußbodenklappe direkt in die Küche des Hausherrn, und bald erfüllt der Duft Frankens den Keller.

Die Bratwürste aus der gräflichen Küche sind keine x-beliebigen. Es sind grobe, sogenannte Bendelbratwürste, die ein Metzger nach einem mittelfränkischen Spezialrezept extra für Graf Karl zu Castell-Rüdenhausen zubereitet. Dazu wird im Weinkeller am Schloss wohlschmeckender Silvaner ausgeschenkt, der im benachbarten Fürstlich Castell'schen Weingut in Flaschen abgefüllt wird. Auf dem Etikett prangt das Porträt des Hundes des Grafen. Natürlich gibt es auch das süffige Bier aus Karl Wolfs Rüdenhäuser Ein-Mann-Brauerei. Manchmal engagiert Graf Karl prominente Besucher aus Politik, Film und Fernsehen, die er als Journalist und Fotokorrespondent kennengelernt hat. So hielten die Schauspielerinnen und Schauspieler Michaela May, Marie-Luise Marjan, Désirée Nick, Günter Strack, Stefanie Hertel, Hubertus Meyer-Burckhardt, Gunther Emmerlich und Guido Knopp bereits Lesungen. Aber auch fränkische Künstler wie Silvia Kirchhof, Martin Rassau und Baron Hans von Rotenhan schätzen die Nähe zum Publikum, denn in den Keller passen nicht mehr Personen als in einen Reisebus.

2005 öffnete Graf Karl seinen Weinkeller zusammen mit zwei Freunden. Inzwischen bewirtschaftet er den Keller und den überdachten Innenhof alleine. Mit Raritäten wie Schmalztöpfen, Keramikkochgeschirr, Figuren und Fotos hat der leidenschaftliche Flohmarkt-Besucher dort ein nostalgisches Ambiente geschaffen. Immer freitags ab 18 Uhr ist jedermann willkommen. Beliebt sind die unterhaltsamen Weinproben mit Baron Crafft von Crailsheim und das Wirtshaussingen mit den drei Musikanten »Hutzel und Zwetschger«.

INFOS

Adresse: Weinkeller am Schloss, Schloßstraße 10, 97355 Rüdenhausen. Geöffnet immer freitags ab 18 Uhr, für Gruppen auch an anderen Tagen nach Vereinbarung. Weitere Infos unter castell-ruedenhausen.de, Platzreservierung: Tel. 09383/70 44

Besonderer Tipp: Auf Wunsch können Orts- und Schlossparkführungen abgehalten oder Planwagen-Fahrten durch die nahe gelegenen Weinberge organisiert werden.

Im historischen Weinkeller am Schloss

Für weniger Textsichere liegen dann selbst zusammengestellte Liederheftchen bereit. Verschiedene Musikgruppen wie die »Blaskapelle Altmannshausen« oder die »Rüdenhäuser Wengertsmusikanten« spielen im Sommer zum Frühschoppen im Garten auf. Bei der von ihm gegründeten Musikkapelle schlägt »Karli« – wie er von seinen Freunden genannt wird – die große Trommel. Musikanten sind jederzeit willkommen, das verrät schon das Schild »Musikantenfreundliches Wirtshaus« am Eingang.

Spuren im Weinkeller am Schloss hat ein großer deutscher Dichter hinterlassen. Die Kopie eines Lieferscheins belegt, dass am 16. April 1819 von dort Wein und Brunellen in den Haushalt des Geheimrats Johann Wolfgang von Goethe nach Weimar geliefert wurden. Brunellen sind entsteinte, geschälte und getrocknete Zwetschgen. Sie galten damals als Delikatesse.

Graf Karl zu Castell-Rüdenhausen brät die Würste für seine Gäste selbst.

23

Per Pedales ins Paradies

Am Bullenheimer Berg muss man einfach ins Schwärmen geraten. Zu Füßen breitet sich weit die »Fränkische Toskana« aus Weinreben, Feldern und gleich Klecksen hingeworfenen Dörfern aus.

Die Radtour startet in Mainbernheim. Meistfotografierte Ansicht ist die pittoreske Stadtmauer mit ihren 18 Türmen und zwei Toren. Davor liegen sehr idyllisch die Grabengärten, im ehemaligen Wassergraben angelegte Schrebergärten. Von dort geht es weiter nach Iphofen. Dort sollte man etwas Zeit einplanen und den Winzerort immer an der Stadtmauer entlang zu Fuß oder mit dem Fahrrad umrunden. Ein Kleinod ist das Rödelseer Tor mit seinem ochsenblutroten Fachwerk und den hell verputzen Flächen dazwischen.

Nun folgen wir dem Radweg nach Markt Einersheim, wo im Sommer ein kleines, feines Freibad für Abkühlung sorgt. Weiter geht es nach Mönchsondheim mit seinem sehenswerten Kirchenburgmuseum, in dem im Sommer ein großes Fest gefeiert wird. Über eine Anhöhe gelangen wir erst nach Markt Herrnsheim und dann nach Hüttenheim zur größten erhaltenen Gadenkirchenburg. Jetzt sind es noch etwa zweieinhalb Kilometer bis zur Weinparadiesscheune in Bullenheim (der Name verspricht nicht zu viel!). Der sanfte Anstieg durch die Weinberge sollte auch für weniger Sportliche zu schaffen sein – und die Mühe wird reich belohnt. Die regionalen Schmankerln und noch mehr der Blick auf die drei fränkischen »Nester« Seinsheim, Bullenheim und Hüttenheim sind die Anstrengung wert. An klaren Tagen sieht man von der Aussichtskanzel aus im Norden die etwa 100 Kilometer entfernte Wasserkuppe, mit 950 Metern höchster Berg der Rhön. Wer möchte, steigt noch etwas höher hinauf zur Kunigundenkapelle. Ihren Namen tragen die Mauerreste nach Kaiserin Kunigunde (980–1033), die sich dort verirrt hatte und als Dank für ihre Errettung eine Kapelle errichten ließ. Noch ein Stück weiter den Berg hinauf befindet sich ein Aussichtsturm aus Holz, der allerdings nicht immer geöffnet ist. Übrigens: Der Bullenheimer Berg begeisterte bereits unsere Vorfahren, denn schon vor 4000 Jahren war er besiedelt.

INFOS

Start & Ziel: Südliche Stadtmauer, 97350 Mainbernheim
Dauer & Weglänge: 3–4 Std., ca. 40 km, mittel, Fahrradwege, Beschilderung

Vom Bullenheimer Berg aus liegt die »Fränkische Toskana« zu Füßen.

Von der Weinparadiesscheune rollen wir gemütlich und ohne Anstrengung hinunter ins Breitbachtal nach Tiefenstockheim, wo das alte, in den Jahren 1581 und 1582 erbaute Rathaus, ein Fachwerkjuwel mit Glockentürmchen, einen Stopp rechtfertigt. Über Willanzheim geht es dann zurück nach Mainbernheim.

Einkehr-Tipp

Die **Weinparadiesscheune** in Bullenheim begeistert mit gutem Essen und einer grandiosen Aussicht. Manchmal unterhalten Musikkapellen.

24

Vom Neptunbrunnen zum Prinzessinnenbad

Eine ganz besondere Aura umgibt den sagenumwobenen Schwanberg mit seinem Zauberwald und den märchenhaft klingenden, wie verwunschen wirkenden Plätzen.

Jedes Kind im Landkreis Kitzingen kennt die Sage von Hadeloga. Die Tochter des Frankenkönigs Pippin (714–768) ließ vom Schwanberg aus einst ihren Schleier über die Lande fliegen. Der Schäfer Kitz brachte ihn zurück und die Prinzessin ließ an der Fundstelle ein Kloster errichten. Weniger bekannt ist, dass auf dem 474 Meter hohen Berg fast ein zweites Neuschwanstein entstanden wäre. Alexander Graf zu Castell-Rüdenhausen (1866–1928) wollte das alte Schloss abreißen und ein neues nach dem Vorbild des Prachtbaus von Märchenkönig Ludwig II. bauen lassen. Doch dazu kam es nicht, denn der Graf starb, bevor er seine ambitionierten Pläne in die Tat umsetzen konnte.

Wunderschön und einen Ausflug wert ist der von ihm streng architektonisch gestaltete und trotzdem verwunschen wirkende Schlosspark mit seinem imposanten Mammutbaum und dem Tulpenbaum mit attraktiven Blüten. Als Sandsteinfiguren heißen Hadeloga und Pippin Besucher an der Treppe willkommen, die zu einem Rondell mit Tisch und einem Obelisken führt. Wer unter dem Blätterdach der Linden weiterwandelt, gelangt zu vier kleinen Putten, Allegorien auf die vier Jahreszeiten. Diese und weitere Figuren, Faune und Nymphen, entstanden aus dem Sandstein des Schwanbergs. Ein Schmuckstück ist der Lautenspieler aus der Werkstatt des Barockkünstlers Peter Wagner.

Den Mittelpunkt des Parks bildet der Neptunbrunnen. Der Meeresgott liegt mit seinem Dreizack majestätisch auf einem Felsen inmitten eines runden Bassins. Rechts davon ist der

INFOS

Start & Ziel: Schwanberg, 97348 Rödelsee
Dauer & Weglänge: Es gibt Audio-Guides für vier Themenrouten unterschiedlicher Länge (an Wochenenden besser reservieren unter Tel. 09323/32128).
Besonderer Tipp: Wer den Schwanberg zu Fuß erklimmen möchte, wandert von Rödelsee durch die Weinberge der Lage »Küchenmeister« hoch zum Schloss. Wunderschöne Sonnenuntergänge lassen sich von der Aussichtsplattform Kapellrangen aus beobachten.

Der Meeresgott Neptun liegt mit seinem Dreizack majestätisch auf einem Felsen.

Hubertushirsch aus Bronze zu sehen, den bereits Generationen von Ausflüglern erklimmen durften. Die schattige Pergola dahinter lädt zum Verweilen ein. Weiter geht es über eine Wiese bis zum Mausoleum, dem Schlusspunkt des Parks. Im äußeren Bereich spaziert man durch Wälder und macht Rast am Prinzessinnenbad, einem kleinen See auf einer Lichtung, in dem die gräfliche Familie Badefreuden genoss. Fantastische Ausblicke auf die umliegenden Dörfer gewährt die Aussichtskanzel mit ihrer halbrunden, romantisch bemoosten Mauer im Nordwesten. Dort gibt es auch ein Alpinum, in dem auf felsigem Grund Enziane und andere Pflanzen der Berge gedeihen.

Einkehr-Tipp

Einen urigen Innenhof und gute Küche bietet der **Löwenhof** in Rödelsee.

Hadeloga und Pippin heißen willkommen.

25

Alles dreht sich um die Zahl Elf

Was bedeuten »Helau« und »Alaaf«? Was hat es mit der Bütt auf sich? Antworten auf diese Fragen gibt es im Deutschen Fastnachtmuseum in Kitzingen.

Fasching, Fastnacht, Karneval – ein Deutsches Fastnachtmuseum würde man wohl eher in Düsseldorf oder Köln vermuten. Tatsächlich jedoch befindet es sich im unterfränkischen Kitzingen und zeigt sich nach einer völligen Neukonzeption modern, multimedial und mit einem Augenzwinkern. Die Präsentationen sind historisch fundiert, unterhaltsam aufbereitet und närrisch garniert. Wer sie besucht, kann sich auf kleine Überraschungen gefasst machen: Nilpferddame Amanda, eine kleine Persönlichkeit in Franken, begrüßt die Gäste. Ein versteckter Tusch lässt aufhorchen, mit dem Audioguide kann man an verschiedenen Stellen Karnevalsschlager hören und dabei Kamelle lutschen. An einer interaktiven Station wird man nach dem Brauch im eigenen Ort gefragt und in einer »Brauchwiki« kann man diesen dann auch gleich eintragen.

INFOS

Adresse: Fastnachtsmuseum Kitzingen, Luitpoldstraße 4, 97318 Kitzingen, deutsches-fastnachtmuseum.byseum.de

Mutige können ihre Talente erproben und als Redner in die Bütt steigen oder sich anhand eines Lehrvideos auf einer Tanzfläche vor dem Spiegel im Gardetanz versuchen. Herzstück und Höhepunkt des Museumsbesuchs ist eine beeindruckende Multimedia-Show, das sogenannte »Narrentheater«, in welchem zwölf traditionelle Fastnachtfiguren mittels modernster Technik zum Leben erwachen. In einem schillernden Theaterstück wetteifern Hansele, Strohbär, Narro und Co., erzählen ihre Geschichten und ziehen große und kleine Gäste in ihren Bann.

Die Welt der Fastnacht ist bunt und fröhlich, traditionsreich und historisch. Nicht nur für eingefleischte Narren gibt es vieles zu entdecken, sondern für jeden, der sich für die deutsche Kultur interessiert. Auf über 400 Quadratmetern geht es digital wie analog um alle Fragen rund um Fasching, Fastnacht und Karneval, auch darum, warum sich dabei alles um die Zahl Elf dreht. Die Reise durch die Geschichte beginnt im Mittelalter und reicht von frühen Maskenfiguren, Schembartläufern, Till Eulenspiegel und Figuren der Commedia dell'Arte bis zu den barocken Kostümfesten im 19. Jahr-

Die Narren sind los im Deutschen Fastnachtmuseum in Kitzingen.

hundert. Eines der neuesten Ausstellungsstücke ist das legendäre blaue Kleid der ehemaligen Landtagspräsidentin Barbara Stamm. Die faschingsbegeisterte Politikerin war Stammgast und wahrscheinlich größter Fan der Veranstaltung »Fastnacht in Franken«, ihr »blaues Klääd« wurde dort besungen. Schon zu Lebzeiten hatte sie es dem Fastnacht-Verband Franken für eine Ausstellung im Museum überreicht.

Einkehr-Tipp

Traditionell fränkische und internationale Küche mit Pfiff schmeckt im **Bayerischen Hof** im Zentrum von Kitzingen.

Allersberger Flecklashexe

26

Kitzinger Lebensart

An vier Tagen Ende Juni feiert Kitzingen sein Weinfest. Auf der gegenüberliegenden Seite kommen die Besucher fast das ganze Jahr nicht aus dem Schöppeln heraus.

Schwatzen und Gelächter klingt vom Stadtbalkon über den Main. Auf dem Holzsteg sitzen ein paar junge Mädchen und plantschen mit nackten Füßen im Main. Eine Gruppe Männer mittleren Alters hat sich um einen Stehtisch versammelt. Andere fläzen sich in die knallorangen Sitzsäcke und nippen dort an ihrem Schoppen. Auf einem der niedrigeren Tische stehen schon die Käsewürfel, Trauben und Gemüsesticks fürs Picknick bereit, denn das Essen darf auch mitgebracht werden. Eine Band spielt, wer Hunger, aber nichts dabei hat, bekommt Stadtbratwürste, und wer Durst hat, Wein. Unterschiedliches Gebäck rundet das Angebot ab. Ein besonders schönes Stück Lebensart ist der Kitzinger Stadtschoppen, der auf dem ehemaligen Gartenschaugelände inmitten blühender Blumen direkt am Main veranstaltet wird.

Von Ende April bis zur Etwashäuser Kirchweih Mitte Oktober und immer von Donnerstag bis Sonntag ist Stadtschoppenzeit. 2022 waren an 100 Tagen geschätzt 35 000 Besucher da. Immer von 17 bis 22 Uhr werden Silvaner, Scheurebe, Rotling, Spätburgunder & Co. ausgeschenkt. Die Gebietswinzergenossenschaft Franken aus Repperndorf ist mit ihren Gewächsen dabei. Kleinere und größere Winzerbetriebe aus der ganzen Region des Weinlandkreises Kitzingen wechseln sich ab. Ein Erfolgskonzept, das die Vielfalt und den Geschmacksreichtum an einem lauschigen Platz zusammenbringt. Regelmäßig sonntags spielen Live-Bands, die sich in unterschiedlichen Genres zuhause fühlen. Ebenso bietet der Stadtschoppen den Klassen der Musikschule, Orchestern und Nachwuchskünstlern eine Plattform. Der Eintritt ist immer frei. Auch musikalische Frühschoppen werden immer mal wieder veranstaltet.

Die Einheimischen schätzen den Kitzinger Stadtschoppen als beliebten Treffpunkt nach Feierabend und am Wochenende. Touristen vom nahe gelegenen Campingplatz und dem Wohnmobilstellplatz hinter dem Freizeitgelände Bleichwasen gesellen sich dazu. Und auch manche Radler auf dem MainRadweg haben unter den Schatten spendenden Bäumen schon eine Rast bei Schoppen und Wurst eingelegt.

INFOS

Adresse: Unter der Alten Mainbrücke in Kitzingen-Etwashausen auf dem ehemaligen Gartenschaugelände. Do bis So von 17 bis 22 Uhr geöffnet, sonntags spielt Live-Musik. Der Eintritt ist frei.

Auf dem Kitzinger Stadtbalkon am Mainufer erfreut man sich am Sommer in der Stadt.

Das Schönste ist die entspannte Stimmung und das besondere Ambiente direkt am Fluss mit Blick auf die historische Stadtsilhouette. Jeder lässt sich dort nieder, wo gerade Platz ist oder es ihm am angenehmsten ist. Auf bequemen geschwungenen Holzliegen, einer Picknickdecke oder den Sitzsäcken.

Weingenuss beim Stadtschoppen

Einkehr-Tipps

Auch schön zum Schöppeln sind die **Eherieder Mühle** und der **Römerhof** zwischen Kitzingen und Kaltensondheim mit vielen Plätzen unter Schatten spendenden Bäumen.

27

Dorthin, wo der Spargel wächst

Viel Zeit zum Genießen lässt diese leichte Fahrradtour von Kitzingen über Dettelbach nach Marktbreit, Albertshofen und Sulzfeld. Unterwegs gibt es schöne Badeplätze am Fluss.

Ins Gartenland führt diese leichte Radtour. Los geht es in der rund 23 000 Einwohner zählenden Großen Kreisstadt Kitzingen, dem Verwaltungszentrum des Landkreises im Herzen des fränkischen Weinlandes. Ausgangspunkt ist die Kreuzkapelle in Kitzingen-Etwashausen. Ein Denkmal weist auf ihren Erbauer Balthasar Neumann hin. Von 1991 bis 2002 ging die kleine Kirche durch zahllose Hände: Ihr Grundriss war auf der Rückseite des 50-DM-Scheins abgebildet. Zunächst radeln wir über die Alte Mainbrücke.

Wer möchte, kann einen Abstecher zum Marktplatz mit seinem stattlichen Renaissance-Rathaus machen. Der historische Sitzungssaal ist sehenswert. Nach der Brücke biegen wir nach rechts ab und erreichen nach vier Kilometern am Fluss Mainstockheim. Der träge dahinfließende Main auf der Ostseite und Weinberge auf der Westseite begleiten uns nach Dettelbach, wo sich ein Umweg in die Altstadt lohnt. Dort entstand 2008 das Kunst- und Kommunikationszentrum (KUK). In dem besonderen Ambiente aus Alt und Neu wird in der Vinothek zur Weinverkostung eingeladen. Ebenfalls sehenswert ist die auf einer Anhöhe liegende Wallfahrtskirche Maria im Sand mit dem Franziskanerkloster.

In Schwarzenau wird der Main erneut überquert. Links sind die vier mächtigen Türme der Benediktinerabtei Münsterschwarzach zu sehen, in der Bestsellerautor Pater Anselm Grün lebt und Bundeskanzler Helmut Kohl einmal im Jahr verweilte. Weiter geht es rechts an Hörblach vorbei nach Mainsondheim mit dem Golfplatz am Schloss. Im Clubrestaurant AIDA sind übrigens auch Biker herzlich willkommen. Nur wenige Kilometer sind es von dort nach Albertshofen. Der Ort zählt zusammen mit Etwashausen und Segnitz zu den drei großen Gartenbaugemeinden des Kitzinger Landes. Neben Spargel gedeihen auf den ausgedehnten Ackerflächen auch Kohl und Salat,

INFOS

Start & Ziel: Kreuzkapelle, 97318 Kitzingen
Dauer & Weglänge: 3–4 Std., ca. 40 km, mit Erweiterung 50 km; die leichte Tour verläuft auf Fahrradwegen und ist beschildert.

Spätsommerliche Stimmung am Main in Frickenhausen

Radieschen, Rettich & Co. An der Fähre am Flussufer nach Mainstockheim lässt sich in »Höpper«, wie Albertshofen von den Einheimischen genannt wird, wunderbar rasten.

Nach der Pause radeln wir weiter durch »die Gärten« und genießen schließlich bei einem Glas guten Weins vom Stadtbalkon auf

Einkehr-Tipps

Leckere Weine in tollem Ambiente genießt man im **Weingut Meintzinger** in Frickenhausen. Das **Casa Konrad** in Kitzingen ist ein nettes, kleines Café am Marktplatz mit Speisen, Kuchen und Eis. Es gibt auch Frühstück.

Die Mainfähre verbindet Albertshofen mit Mainstockheim. Am Flussufer lässt sich wunderbar rasten.

dem ehemaligen Gartenschaugelände aus die Kitzinger Silhouette mit den beiden Kirchtürmen, Marktturm und Brücke. Von Ende April bis Mitte Oktober wird dort donnerstags bis sonntags ab 17 Uhr Frankenwein ausgeschenkt. Ein über alle Generationen beliebter Treffpunkt in der Stadt.

Anschließend passieren wir das Freibad auf der Insel mit dem romantischen Namen Mondseeinsel und später die Schleuse in Hohenfeld. Marktsteft bietet eine verträumte Sandbucht mit schöner Bademöglichkeit im sauberen Fluss. Sehenswert im wenige Kilometer entfernten Marktbreit ist der Malerwinkel, vor dem Stadttor etwa 30 Meter nach links. Zahlreiche Maler haben dort ihre Staffelei aufgebaut, um den romantischen Flecken auf Leinwand zu bannen. So entstand der Name. Auf die Mauer über den Breitbach gesetzt, bilden Fachwerkhaus und Maintor ein einzigartiges Ensemble. Im Innern befindet sich ein Museum, welches die sozial- und kulturhistorische Dauerausstellung »Frauen-Zimmer«, das auf archäologischen Grabungen basierende »Römerkabinett« und wechselnde Sonderausstellungen zeigt.

Wer jetzt Lust auf noch mehr Romantik verspürt, radelt weiter mainabwärts bis nach Ochsenfurt. Der historische Stadtkern mit seinem Marktplatz und einem schmucken Fachwerkensemble lässt Romantikerherzen höher schlagen. Über den Main geht es von dort in den kleinen, von Türmen und altem Kopfsteinpflaster geprägten Ort Frickenhausen. Empfehlenswert ist der steile Aufstieg zur barocken Valentinuskapelle und zum Terroir f auf dem Kapellenberg. Leonardo da Vincis berühmte Abendmahlszene ist dort in Form eines riesigen Scherenschnittes zu sehen. Das

Auf die Mauer über den Breitbach gesetzt, bilden Fachwerkhaus und Maintor ein einzigartiges Ensemble.

Motto lautet »Wein & Bibel – Die Wahrheit liegt im Wein. Wein segnet.«

Die Tour ohne Ochsenfurt und Frickenhausen führt von Marktbreit auf die andere Mainseite. Wir lassen Segnitz links liegen und fahren mainaufwärts in Richtung Norden nach Sulzfeld mit seiner geschlossenen und bestens erhaltenen Wehrmauer, deren Türme heute als Wochenendhäuser und Ferienwohnungen dienen. Ein Kleinod, das man zu Fuß umrunden sollte, was etwa 45 Minuten dauert. Am Mainufer befindet sich eine herrlich angelegte Badebucht mit Liegewiese und Kiosk. Nach weiteren fünf Kilometern sind wir zurück in Kitzingen.

Ausflüge im Norden von Würzburg

Die Weinbergszeilen diesseits und jenseits des Mains strahlen in Grün-, Gelb- und Orangetönen.

28

Genussradeln im weinseligsten Winkel

Die Mainschleife lockt mit Weinbergen, so weit das Auge reicht, grandiosen Aussichten und romantischen Plätzen am Altmain. Wo die Fähre den Fluss quert, fühlt sich ein »Lump« heimisch.

Dorthin, wo der Fluss so malerisch ins Schlingern gerät, verläuft die Mainschleifen-Tour. Ausgangsort ist die Heimat des Volkacher Ratsherrn. Der Symbolfigur mit der weißen Halskrause und dem schwarzen Hut stehen bei seinen Auftritten meist eine ganz Schar Weinprinzessinnen und ein »Lump« zur Seite – einer, der seinem Namen Ehre macht. Denn beim »Escherndorfer Lump« handelt es sich um eine der bekanntesten und landschaftlich schönsten Weinlagen in ganz Franken. Schon Goethe soll diesen Wein sehr geschätzt haben.

Vom belebten Marktplatz in Volkach aus tritt man ein Stück auf dem Radweg nach Süden in Richtung Sommerach und Schwarzach in die Pedale, nimmt aber schon bald die Abzweigung auf die Weininsel nach Nordheim. In der flächenmäßig größten Winzergemeinde Frankens lockt gleich neben der Mainfähre der Inselstrand mit Badeplatz und Kanuanleger. Und in der Nähe der Vinothek Divino liegt ein idyllisches Café mit Gärtchen und leckeren kleinen Speisen. Empfehlenswert ist aber auch ein Abstecher in die Weinberge. Der Aussichtspunkt lohnt die Steigung, bietet er doch atemberaubende Aussichten in alle vier Himmelsrichtungen und bei klarem Wetter sogar bis in die Rhön. Hoch oben, unterhalb des Aussichtspunktes auf dem Nordheimer Kreuzberg, erzählt ein spektakuläres Wandgemälde auf humorvolle Art von der Arbeit im Weinberg und im Keller, der Weinkultur und dem Weingenuss. In der Mitte etwa tritt Frankonia im weinseligen Rausch mit einem Bocksbeutel in der Hand dem Bayerischen Löwen versehentlich auf den Schwanz. Damit verkörpert sie das fränkische Selbstbewusstsein und den fränkischen Blick auf Bayern.

Weiter geht es nach Sommerach, einem der schönsten Orte des Landkreises. Man folgt entweder dem gut ausgeschilderten Radweg am Fuße der Weinberge oder nimmt einen kleinen Anstieg und den Weg zum Aussichtsturm

INFOS

Start & Ziel: Marktplatz Volkach
Dauer & Weglänge: 2,5–4 Std., ca. 35 km; die mittelschwere bis anspruchsvolle Tour verläuft auf Fahrradwegen und ist beschildert.

Blick von der Weinlage »Neuseser Glatzen« auf den Winzerort Sommerach.

über die Insellage und einige der bekanntesten Weinlagen ganz Frankens. Im Westen ist die Vogelsburg zu sehen, im Tal der Altmain und Streuobstwiesen. Nicht weit davon entfernt, lässt es sich auf der Wein-Yoga-Schaukel beim Blick auf die Weinreben herrlich entspannen, bevor, wieder im Tal, der Weg am Kanal entlang bis nach Gerlachshausen führt.

Vorbei an den vier Türmen der Abtei Münsterschwarzach radelt man hoch nach Neuses am Berg. Dort gibt es zwei Möglichkeiten: Entweder nimmt man die rasante Abfahrt hinunter nach Köhler, wo man direkt am Altmain einkehren kann und den Kanufahrern auf dem Flüsschen zusehen kann. Über die Straße werden im Gasthaus »Zum Schiff« die Speisen zum Gast getragen. Oder aber man biegt nach Norden in einen der Weinbergwege ab und

Ein Kreuzweg führt hinauf zum Gotteshaus Maria im Weingarten.

Einkehr-Tipp

Im urigen **Hinterhöfle** in Volkach schmeckt »Fränkisches« im begrünten Bier- und Weingarten unterm Glasdach.

fährt weiter bis nach Escherndorf. Dort kann man mit der Mainfähre nach Nordheim übersetzen, ein Bad nehmen und es sich in einem der Strandkörbe gemütlich machen, ehe die Fahrt weitergeht.

Sehr Sportliche nehmen von Escherndorf aus den zwar kurzen, aber sehr steilen direkten Anstieg zur Vogelsburg, einst keltische Fluchtburg, später Karmeliterkloster und heute beliebtes Ausflugslokal. Sanfter ist die Variante über Astheim. Belohnt wird man am Ende mit dem vermutlich schönsten Blick von der Aussichtsterrasse über die Mainschleife und die Weinberge. Wer länger verweilen möchte, sucht sich im Weingarten ein schönes Plätzchen und muss dann nur noch überlegen, ob er sich lieber einen Silvaner, Bacchus, Müller-Thurgau oder Kerner schmecken lassen möchte.

Von der Vogelsburg lässt man sich zurück nach Volkach einfach bergab rollen oder wählt links noch einen Abstecher zur Wallfahrtskirche Maria im Weingarten. Ein Kreuzweg führt hinauf zum Gotteshaus mit seinen zwei größten Schätzen: einer Pietá aus dem 14. Jahrhundert und der »Madonna im Rosenkranz« von Tilman Riemenschneider. 1524 fertiggestellt, bildet sie die letzte Marienarbeit des Bildschnitzers vor seiner Verstrickung in den Bauernkrieg – und wäre fast verloren gegangen.

Denn in der Nacht zum 7. August 1962 waren Männer in die Wallfahrtskirche eingestiegen und hatten, ohne ihren Wert zu kennen, die 2,80 mal 1,90 Meter große Rosenkranz-Madonna gestohlen. Fahndungen blieben ohne Ergebnis. Bis heute gilt der Raub als einer der spektakulärsten Kunstdiebstähle Deutschlands – auch durch das Mittun von Henri Nannen, damals Herausgeber und Chefredakteur des *Stern*. Denn dieser bot den Dieben in Zeitungen und Zeitschriften 100 000 DM für die Herausgabe des Kunstwerks an und gab ihnen sein Wort, sie nicht an die Polizei zu verraten. Ein Glücksfall für die Gauner, die das Kunstwerk sonst wohl nur hätten verbrennen können. Wirklich holte Nannen am 4. November 1962 die lebensgroße Marienfigur mit dem Jesuskind auf dem Arm nahe Nürnberg ab und übergab sie Vertretern der Pfarrgemeinde. Sie wurde restauriert und hängt seither wieder in der Kirche – inzwischen geschützt durch eine Alarmanlage. Nannen wurde Ehrenbürger von Volkach. Und die Diebesbande? Die geriet der Polizei einige Jahre später doch in die Fänge. Ihre Prahlerei vom »echten Riemenschneider« wurde ihnen zum Verhängnis. Ein Kabinettstückchen!

Mit dem Rad unterwegs in der Weinlage »Neuseser Glatzen«.

29

Über allen Wipfeln

Fantastische Aussichten beschert der Baumwipfelpfad Steigerwald nahe Ebrach. Bei klarem Wetter blickt man über das Fränkische Weinland hinweg bis in die Rhön.

Zunächst schlängelt sich der 1150 Meter lange Baumwipfelpfad vom Boden durch die verschiedenen Etagen des Waldes und gipfelt in einem beeindruckenden Rundturm. Kelchförmig schraubt er sich bis über die Baumspitzen hinauf bis auf 42 Meter Höhe. An der Außenseite windet sich ein 650 Meter langer, rollstuhlgerechter Weg sanft ansteigend nach oben. Dort angekommen, genießt man einen spektakulären Rundumblick über das zweitgrößte Laubwaldgebiet Bayerns, den Steigerwald. Zahllose Buchen, darunter Stämme mit mehr als 300 Jahresringen unter der Rinde, ragen dort bis zu 40 Meter in den fränkischen Himmel. Im Sommer changiert das Blätterdach in unterschiedlichen Grüntönen, an sonnigen Herbsttagen entflammt ein Feuerwerk in Gelb, Rot und Orange. Der aus heimischen Hölzern errichtete Baumwipfelpfad Steigerwald bei Ebrach liegt 45 Kilometer von Würzburg entfernt. Bei klarem Wetter wandert der Blick weit über das Fränkische Weinland bis hin zum Mittelgebirge Rhön an der thüringischen Grenze.

Doch nicht nur optisch eröffnet er neue Perspektiven auf den Wald und seine Bewohner, er bietet auch neue Eindrücke. Informationstafeln zu den Themen Wald und nachhaltige Forstwirtschaft lassen sich mit interaktiven Angeboten in der Wipfel-App, Quizfragen und Spielen kombinieren. So kann man vom Handy aus digital Forstmaschinen auf den Rückegassen durch die Wälder steuern. Es gibt Nebenwege mit wackelnden Stufen, die für Kinder ein großer Spaß sind. Verschiedene Holzarten können ertastet werden, eine 360-Grad-Kletterröhre und ein Tau zum Balancieren sorgen für Abenteuer-Spaß.

Darüber hinaus können die Besucher Deutschlands größtes Waldvogelfutterhaus von außen betrachten, über eine Kamera und große Monitore aber auch in das Innere von Nistkästen blicken und die Vögel bei der Brut

INFOS

Adresse: Parkplatz Radstein 2, 96157 Ebrach
Dauer & Weglänge: 1,5–3 Std., 1,15 km
Besonderer Tipp: Drei Kilometer zu Fuß sind es bis zum Steigerwald-Zentrum Handthal. Von dort bieten sich Wanderungen und Radtouren entlang des Kelten-Erlebnisweges, des 2-Franken-Radweges und des Steigerwald-Panoramaweges an.
Sehenswert ist die gotische Kirche der ehemaligen Zisterzienser-Abtei Ebrach mit ihrer wundervollen Fensterrosette.

Zwischen den Baumkronen ragt der Aussichtsturm hervor.

beobachten. Einmalig ist der Blick auf das Rotwildgehege vom Baumwipfelpfad aus. Ein Lehr-Bienenstand informiert über die Insekten. Für Kinder gibt es einen Spielplatz, Kugelbahnen und sie dürfen Zwergziegen, Zwergschafe und Kaninchen streicheln.

Einkehr-Tipp

Zum Alten Bahnhof, so heißt eine originelle Gaststätte mit fränkischer Küche im Bahnhofsgebäude von Ebrach. In den Sommermonaten wird das Essen auch im Waggon serviert.

Kelchförmig schraubt sich der Weg nach oben.

30

Paddeln auf dem Altmain

Einfach mal raus aus dem Alltag und rein in den Kurzurlaub? Eine Kanutour vorbei an den Weinsteillagen auf dem idyllischen Altarm des Mains in Volkach ist Erholung pur.

Paddel zum Stabilisieren quer über das Kanu legen. Erst einen Fuß ins Boot setzen, ausbalancieren, dann den anderen hinterher, schnell hinsetzen. Los geht es nach einer ausführlichen Einweisung an der Vermietstation in Volkach. Dort lernt man, wie man das Boot steuert, was auf der Strecke zu beachten ist und wo man am besten einkehren kann. Anschließend paddelt man los Richtung Schleuse. Nach dem Öffnen des Schleusentors in Astheim ist der Weg frei auf den Altmain. Dieser wird nur von Freizeitkapitänen genutzt und ist so auch für Paddelneulinge optimal.

Wolken spiegeln sich im Main. Trauerweiden tauchen ihre Äste in das seichte Ufer. Fast lautlos gleitet das Kanu an den steilen Weinhängen vorbei, unterbrochen nur durch das leise Platschen des Paddels. Bald sind die Strandkörbe des Nordheimer Insel-Sandstrandes zu sehen. Freizeitidylle pur. Die Kanutour von Volkach nach Schwarzenau ist perfekt, um abzuschalten und aufzutanken. Mit etwas Glück lassen sich Kormorane, Eisvögel und Biber beobachten. Vor allem aber ist es die wohltuende Stille auf dem Wasser, die den Alltag mit seinen Anforderungen schnell vergessen lässt.

Die gelbe Welle zeigt bequeme Ein- und Ausstiege sowie Plätze zum Pausemachen an. In Nordheim bietet sich der Besuch in einem Weingut, der Vinothek Divino oder der Werkstatt Crêperie, einer Schmuckmanufaktur mit Café, an. Wieder auf dem Wasser, macht der Main nun einen großen Bogen und Sommerach kommt in Sicht. An den Buchten unterwegs sollte man nicht anlegen, um die Vögel bei der Aufzucht ihrer Jungen nicht zu stören.

Die letzte Etappe führt an den vier Türmen des Klosters Münsterschwarzach vorbei nach Schwarzenau. Dort werden die Boote verladen und der Shuttleservice bringt die Wasserwanderer im Bus zurück nach Volkach.

Neben Kanus werden Stand Up Paddling Boards (SUP) verliehen. Es gibt auch Mann-

INFOS

Start & Ziel: Waterwalker, Ländestraße 3, 97332 Volkach
Dauer & Weglänge: Ein halber bis ein ganzer Tag, 12 km (Herz-Mainfranken-Tour). Es gibt auch Touren mit einer Länge von 8 km und 18 km.

Idylle auf dem Altmain: Nur Freizeitkapitäne sind dort unterwegs.

schafts-SUPs für sechs bis acht Personen. Die Strecke zwischen Volkach und Schwarzenau lässt sich bequem in drei bis vier Stunden paddeln. Aber warum beeilen? Unterwegs kann man in Nordheim baden und eine Sandburg bauen, durch den Winzerort Sommerach schlendern oder sich einfach auf dem Wasser treiben lassen und in den fränkischen Himmel schauen.

Einkehr-Tipp

Leckere Crêpes, Galettes, Flammkuchen und individuellen Schmuck gibt es in der **Werkstatt Crêperie** Nordheim mit schönem Innenhof.

Blick auf die Mainschleife

31

Öko-Pioniere im fränkischen Weinbau

Aus Überzeugung baut Helmut Christ auf der Main-Insel in Nordheim seinen Wein seit fast 50 Jahren biologisch an. In der Nähe steht die Wiege des ökologischen Weinbaus.

Seit 2005 ist der Weinbaubetrieb Helmut Christ in Nordheim Demeter-zertifiziert. Das heißt, die Winzerfamilie verzichtet nicht nur auf chemisch-synthetische Pflanzenschutzmittel. Sie gibt dem Weinberg auch mehr zurück, als sie ihm entzieht. Das geschieht durch biodynamische Präparate aus Heilkräutern und Mineralien wie Quarzmehl, die die Reben kräftigen. Hinzu kommen die achtsame Bodenbewirtschaftung und die Aussaat von Wildpflanzen und Leguminosen, die den Boden lockern und festigen, Nährstoffe verfügbar machen und zahlreiche Nützlinge anlocken. Gelesen wird behutsam per Hand. Anschließend werden die Trauben schonend zu Weiß- und Rotweinen, Rosé, Secco und Sekt verarbeitet. Juniorchef Michael Christs Leidenschaft ist die Herstellung von Naturweinen. Die fruchtigen, eleganten, sehr harmonischen und charaktervollen Weine werden im Weinführer von Gault Millau, von Eichelmann und im Feinschmecker empfohlen. Auch gewinnt das Weingut regelmäßig Gold- und Silbermedaillen, gelegentlich auch die Auszeichnung Großes Gold.

Wer sich für die Arbeitsweise interessiert, kann die Winzerfamilie Christ bei Führungen in die Weinberge und in den Keller begleiten. Weinproben werden veranstaltet, Familienfeiern und Firmenevents ausgerichtet. Nach vorheriger Absprache ist es möglich, selbst bei der Lese mit anzupacken. Wer möchte, kann spontan während der Öffnungszeiten zu einer kleinen Weinverkostung vorbeikommen. Im Oktober ist der malerische, glasüberdachte Barockinnenhof für vier Wochen geöffnet. Dann werden Speisen aus regionalem, saisonalem und biologischem Anbau serviert. Kulinarischer

INFOS

Adresse: Weingut Helmut Christ, Volkacher Straße 6, 97334 Nordheim, weingut-helmut-christ.de

Besonderer Tipp: Die Vogelsburg bei Volkach öffnet einmal im Jahr im August den wunderschönen Garten hinter der Kirche zur Bio-Wein-Präsentation der Ökowinzer. Ein einzigartiger Platz, nicht nur wegen der Geschichte, sondern auch wegen des fantastischen Ausblicks. Vogelsburg, Vogelsburg 1, 97332 Volkach

Michael Christ bei der Lese im Nordheimer Weinberg

Höhepunkt im Jahr sind im Frühjahr und Herbst die Vier-Gänge-Menüs.

Die Wiege des fränkischen Öko-Weinbaus steht ganz in der Nähe von Nordheim auf der Vogelsburg bei Volkach. Schwester Christa Schleser von den Augustinusschwestern leistete dort bereits Anfang der 1960er-Jahre Pionierarbeit. Wie es damals üblich war, verwendete sie im Weinberg auch Herbizide. 1964 gelangte Spritzbrühe in ihre Gummistiefel. Sie erkrankte und beschloss, von nun an auf Herbizide und Insektizide zu verzichten. Als Schwester Hedwig Mayer 1973 auf die Vogelsburg kam, verwendete man schon keine Fungizide mehr, sondern Pflanzenpflegemittel. Visionär stellten sie auf die ökologische Anbauweise um. Auf der Vogelsburg wird seit dem Jahr 906 Wein angebaut.

32

Goldgelb und duftend

Auf dem Astheimer Quittenlehrpfad dreht sich alles um die Frucht mit dem samtenen Flaum. Besonders schön ist es dort, wenn die Bäume blühen oder die Früchte reifen.

Im alten Griechenland war die Quitte die heilige Frucht der Göttin Aphrodite. Mit ihrer samtig gelben Haut galt sie als Symbol für Liebe, Glück und Fruchtbarkeit. Der berühmte Apfel von Paris soll eine Quitte gewesen sein, und lange bevor Gummibärchen erfunden wurden, naschte man Quittenbrot. Das und weiteres mehr über die Herkunft und Verarbeitung der betörend süß duftenden Frucht erfährt man auf dem knapp vier Kilometer langen Quittenlehrpfad in Astheim. Der Weg führt an Streuobstwiesen vorbei und bietet zwischen den Bäumen immer wieder einen hübschen Ausblick auf den Main und die gegenüberliegende berühmte Wallfahrtskirche Maria im Weingarten.

An den Main kam die Vitamin-C-reiche Quitte vermutlich durch die Karthäusermönche. Sie hatten 1409 ein Kloster in Astheim gegründet und schon 1506 hatte der Volkacher Stadtschreiber Niklas Brobst einen Vermerk über Quitten an der Mainschleife hinterlassen. Auf dem Quittenlehrpfad gibt es noch heute die alten Rangenteile, schmale Flurstücke an einem Nordhang, die die Mönche ihren Frondienstlern einst überlassen hatten. Darauf weist die erste von insgesamt zwölf Informationstafeln hin. Die Astheimer Perlquitte und das Rekultivierungsprojekt »Mustea« von Marius Wittur, der den Lehrpfad initiiert hatte, werden vorgestellt. Weitere Tafeln verraten etwas über die Quitte als Heilfrucht, und die wichtige Rolle, die sie bei Weltumsegelungen spielte.

Auch verschiedene Sorten werden erläutert, zum Beispiel die Birnenquitte Cydora Rubosta, die als leuchtend gelbe Frucht mit geringer Filzbehaarung und kräftigem Aroma

INFOS

Start & Ziel: Quittenlehrpfad, Am Kloster 24, 97332 Volkach
Dauer & Weglänge: 1,5 Std., 3,5 km; festes Schuhwerk erforderlich. Führungen für Gruppen können über das Fränkische Rekultivierungsprojekt alter Quittensorten »Mustea« vereinbart werden.
Besonderer Tipp: Im Quittenladen Wolfahrt am Lehrpfad können Produkte wie Secco, Sherry, Gin und Chutney aus Quitten probiert werden.

Gelb leuchtende Quitten unter blauem Himmel

beschrieben wird. Denn die Unterteilung ausschließlich nach Apfel- und Birnenquitten geht laut Marius Wittur nicht weit genug. Allein aus dem Fränkischen stammen viele Sorten wie die Volkacher Riesenquitte oder die Quittenrenette von Castell. Besonders schön ist ein Spaziergang durch den Lehrpfad, wenn von Ende April bis Mitte Mai die knorrigen Bäume und Sträucher in Weiß und Rosa blühen, und zur Zeit der Fruchtreife, wenn die knallgelben Früchte mit der Oktobersonne um die Wette leuchten.

33

Klosterleben auf Zeit

Schon aus der Ferne ragen die vier Türme der Abtei Münsterschwarzach am Horizont in die Höhe. Gäste sind nach alter benediktinischer Tradition jederzeit willkommen.

Pro Jahr hält Pater Anselm Grün etwa 200 Vorträge im In- und Ausland. Doch wann immer möglich, kehrt er nach seinen Auftritten in das Benediktinerkloster Münsterschwarzach zurück, um am nächsten Tag um 5 Uhr an der Morgenhore teilzunehmen. In der Abtei mit den vier Türmen kommt er zur Ruhe. Auch Besucher können im Kloster Münsterschwarzach eine Auszeit vom hektischen Alltag nehmen. Bundeskanzler Helmut Kohl etwa suchte dort einmal im Jahr innere Einkehr.

Gemäß der Regel des heiligen Benedikt sind Gäste im Kloster stets willkommen. So wird in Münsterschwarzach ein vielfältiges Programm mit unterschiedlichen Referenten angeboten. Auch Pater Anselm veranstaltet Kurse zu Lebensfragen und Spiritualität. Daneben gibt es die Möglichkeit, ohne Kurs für eine Weile im Kloster zu leben. Wer möchte, kann dabei in der Gärtnerei mitarbeiten und an den Gebeten teilnehmen. Gruppen können bei Führungen hinter die Klostermauern blicken. Dort befindet sich auch eine private Sternwarte. Im Informationszentrum an der Pforte erfahren Besucher etwas über die 1200-jährige Geschichte des Benediktinerklosters und das Leben der Mönche.

Lebensmittel, die im Kloster entstehen, werden in der klostereigenen Bäckerei und Metzgerei verkauft. Aus der missionarischen Tätigkeit in Tansania entwickelte sich bereits 1995 ein fairer Handel mit Kunstgewerbe, Kleidung und Kaffee. Heute gibt es einen großen Verkaufsraum für Produkte vorwiegend aus Afrika und Lateinamerika. Die Fair-Handel GmbH im Kloster beliefert Weltläden in ganz Deutschland. Auch Schmuck aus der Klostergoldschmiede gehört zum Sortiment, zum Beispiel eine Weinkollektion. Pater Anselm Grüns Bücher erscheinen überwiegend im klostereigenen Vier-Türme-Verlag und werden unter anderem bei »Buch und Kunst im Klosterhof« angeboten.

Pater Anselm Grün war von 1977 bis 2013 als Cellerar verantwortlich für die wirtschaftlichen Angelegenheiten der Abtei Münster-

INFOS

Adresse: Abtei Münsterschwarzach, Schweinfurter Straße 40, 97359 Schwarzach am Main, abtei-muensterschwarzach.de; Öffnungszeiten: Fair-Handel: Mo bis Fr 8.30–17.30 Uhr, Sa 10–14 Uhr; Klosterbäckerei und -metzgerei: Di (kein Fleisch), Mi 7.30–13 Uhr, Do, Fr 7.30–17.30 Uhr, Sa 7–12 Uhr

Von Weitem sichtbar, erheben sich die vier Türme der Abtei Münsterschwarzach.

schwarzach. 1991 gründete er gemeinsam mit Wunibald Müller das Recollectio-Haus, dessen geistlicher Leiter er bis heute ist. 2007 erhielt Pater Anselm Grün das Bundesverdienstkreuz am Bande, 2011 den Bayerischen Verdienstorden. Mit aktuell mehr als 300 lieferbaren Titeln, über 14 Millionen weltweit verkauften Büchern und Übersetzungen in über 30 Sprachen gilt er als der erfolgreichste Autor spiritueller Bücher im deutschsprachigen Raum.

Einkehr-Tipp

Gottfried Haun wurde für seine Torte »Charlotte« bereits mehrfach ausgezeichnet – zum Beispiel von der Deutschen Landwirtschafts-Gesellschaft (DLG). Sie gibt es im **Café Luise** gleich neben dem Kloster.

Verkaufsraum für Fair-Trade-Produkte

34

Die Cuvée »Madda«

Von der Rebe bis ins Glas ist der Titel der Weinerlebnisführung mit Martha Gehring. Mit fränkischem Fingerfood und lustigen »Gschichtli« ist das ein echter Genuss.

Perlenketten bekommt Martha Gehring nicht von ihrem Mann. Aber ihren eigenen Wein. Jedes Jahr geht der Winzer Bernhard Gehring in seinen Keller in Fahr am Main und kreiert einen ganz besonderen Wein, den er seiner Frau widmet. Die Cuvée »Madda«. »In Franken kennen wir nämlich kein ›r‹ und kein ›hartes t‹«, erklärt seine Frau beim feuchtfröhlichen Weinerlebnisspaziergang an der Mainschleife. Und die Führung durch die Lage »Volkacher Ratsherr« ist, genau betrachtet, auch eine Art »Cuvée Madda«. Viel Fachwissen mischt die Weindozentin mit fränkischem Humor und Kostproben aus dem Weinberg und heraus kommt eine Mischung, die man Schluck für Schluck in vollen Zügen genießen kann.

Los geht es mit einem Glas Secco an der Feldkapelle und dem »Tischlein deck' dich« einige Meter weiter im Weinberg. Martha Gehring breitet eine weiße Decke aus und stellt Käse, geräucherte Bratwürste, Brot und Tomaten darauf – fränkisches Fingerfood. In die Gläser gießt sie aus einem Bocksbeutel Müller-Thurgau, eine Rebsorte mit leichter Muskatnote, die gerade eine Renaissance erlebt. Ein Blick durch das Refraktometer, »in Franken simpel ›Gucker‹ genannt«, zeigt den Laien das Mostgewicht der Traube an. Was niemand der Teilnehmer vorher geglaubt hätte: Das Wort »Ampelographie« ist ein Begriff aus dem Weinbau und steht für die Bestimmung der Rebsorte nach Blatt-, Trauben- und Rebstockform. Währenddessen trinkt man sich munter weiter vom Silvaner über Cuvée und Rotling bin zum Zwetschgenlikör. Denn die Gästeführerin ist nicht nur Feuer und Flamme für den Frankenwein, die waschechte Fränkin brennt auch Destillate in Fahr, der Perle an der Mainschleife.

Neben der Weinerlebnisführung »Von der Rebe ins Glas« hat Martha Gehring noch weitere Rendezvous mit dem Frankenwein in petto. Es gibt eine Vinotheken-Tour durch Volkachs Hauptstraße, eine Rundfahrt zum

INFOS

Adresse: Weinbau & Edelobstdestille Gehring, Traubengasse 7, 97332 Fahr am Main, weinbau-gehring.de
Besonderer Tipp: Bei den »Wein-Dorf-Geschichten aus Fahr« informiert und unterhält die Gästeführerin während eines Spaziergangs durch ihr Heimatdorf. Das Ganze endet mit einem Versucherle in der hauseigenen Destille. Sehr beliebt ist die Verkostung »Schokolade und Wein« mit vier Weinen und vier Trüffel/Schokoladen.

Martha Gehring schenkt in den Weinbergen aus dem Bocksbeutel aus.

Thema Architektur und Wein, eine Mainschleifenrundfahrt mit Weinprobe sowie Verkostungen von Wein und Schokolade. Bei der sogenannten VIP Wein-Genuss-Tour probieren die Teilnehmer bei drei Winzern sechs regional typische Weine im gehobenen Segment und erleben so hautnah und authentisch fränkische Gastfreundlichkeit. Kulturelles Highlight dabei ist der Besuch der Vogelsburg mit einem grandiosen Blick vom Aussichtsbalkon auf die Volkacher Mainschleife.

Einkehr-Tipp

Keiner, der bei dieser Aussicht nicht ins Schwärmen gerät. Die **Vogelsburg** ist ein beliebtes Ausflugslokal mit einzigartigem Blick auf die Mainschleife. Es gibt unter anderem fränkische Klassiker und fränkische Tapas.

35

Wie in einem Gemälde

Ein Feuerwerk an Farben, so weit das Auge reicht. In kräftigem Rot, Gelb und Orange leuchten im Herbst die Weinbergszeilen auf dem Meditationsweg in Neuses am Berg.

Schon von Weitem ist der Winzerort Neuses am Berg an seinen beiden Zwiebeltürmen zu erkennen. Durch die Weinlage »Neuseser Glatzen« schlängelt sich in Richtung Köhler der Themenweg »Bibel, Wein und Weisheiten«. Die Aussicht auf das Tal und die Weinhänge links und rechts des Mains ist besonders schön an sonnigen Herbsttagen, wenn das bunte Laub in der Sonne schillert. Zwischen all den Farben fühlt man sich als Teil eines Gemäldes, etwa einer fränkischen Version der »Seerosenteiche« des französischen Impressionisten Monet.

Der Meditationsweg beginnt am Bildstock »Marterle« an der Straße »Am Weinkrug« und führt an der Aussichtsplattform Glatzenbergshütte vorbei. Auf insgesamt zwölf Tafeln sind Geschichten und Zitate aus der Bibel zu lesen. Philosophen und Dichter teilen ihre Gedanken zum Wein. Mit Themen wie der Arbeit des Winzers, Heimatbräuchen und -festen wird zudem ein kleiner Einblick in das Leben und die Geschichte in Neuses am Berg gewährt.

Heute noch seien zahlreiche Geschichten und Zitate der Bibel im Alltagsgeschehen der Bevölkerung präsent, wird auf der ersten Tafel erläutert. Denn »nicht selten stieß der Mensch bei der Nutzbarmachung der Natur an Grenzen«. 200 weinspezifische Stellen gebe es in der Bibel. So wird beispielsweise ermahnt, dass nicht Könige und Fürsten sich mit Wein betrinken sollten. Geraten wird: »Gebt Wein denen, die im Herzen verbittert sind.«

Der Dichter Johann Wolfgang von Goethe (1749–1832) schrieb in seinem Werk »Dichtung und Wahrheit«: »Nach mancherlei Früchten des Sommers und Herbstes war aber doch zuletzt die Weinlese das Lustigste und am meisten Erwünschte; ja es ist keine Frage, dass, wie der Wein selbst den Orten und Gegenden, wo er wächst und getrunken wird, einen freieren Charakter gibt, so auch diese Tage der Weinlese, indem sie den Sommer schließen und zugleich den Winter eröffnen, eine unglaubliche Heiterkeit verbreiten.«

INFOS

Start & Ziel: Bildstock »Marterle« an der Straße Am Weinkrug in Neuses am Berg
Dauer & Weglänge: 1–2 Std., 2 bzw. 4 km (kleine Runde mit sechs Tafeln, große Runde mit 12 Tafeln)
Besonderer Tipp: Picknick wird auf Wunsch geliefert. Wohnmobilisten können auf dem Stellplatz beim Weingut Mangold in den Weinbergen übernachten.

Spektakuläre Aussichten ins Maintal begeistern auf dem Meditationsweg.

Auch erfährt man, dass es schon vor 500 Jahren Heckenwirtschaften gab. Die Einkehr ist ein Muss – und ein perfekter Abschluss.

Einkehr-Tipps

Weinstall Stier oder **Häckerstube Düll** (vorher Öffnungszeiten erfragen!). Es gibt fränkische Brotzeiten, warme Speisen und Weinproben.

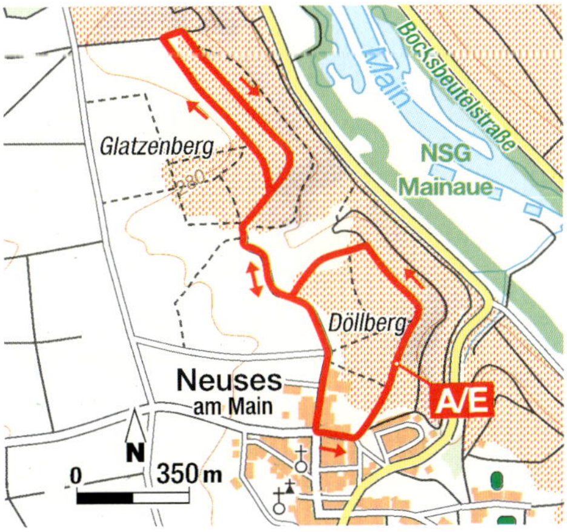

36

Vom Lump in den Dschungel

Erst genießt man den Ausblick auf das Maintal. Später taucht man in einem naturbelassenen Waldstück unter Baumstämmen hindurch und fühlt sich wie ein Abenteurer.

Die abwechslungsreiche Wanderung führt bergauf und bergab durch Weinberge, Obstplantagen und ein Stück »Dschungel«. Los geht es an der Mainfähre in Escherndorf. Im Dorf wendet man sich nach rechts zum Ortsausgang. Eine schmale Treppe führt an Marterln und Bildstöcken vorbei durch die Weinlage »Escherndorfer Lump« bis zur Vogelsburg und zum Aussichtspunkt Terroir f. Dort steht ein Solarpendel, mit dem sich die Sonneneinstrahlung auf den Hang ermitteln lässt. Am Ausblick auf die Mainschleife kann man sich kaum satt sehen.

INFOS

Start & Ziel: Mainfähre, 97332 Escherndorf
Dauer & Weglänge: Mit Rast und Einkehr 6 Std., 16,5 km, Kondition und gutes Schuhwerk sind nötig, das Gelände kann rutschig sein.
Besonderer Tipp: Single-Wanderungen bietet Natur- und Landschaftsführerin Sonja Heinemann an unter singles-gemeinsam.de. Von ihr ist dieser Wandervorschlag.

Über die Treppe auf der anderen Seite geht es hinunter, um dann den Weinweg wieder hinaufzuwandern, den Altmain immer im Blick. Man überquert die Schienen der traditionellen Mainschleifenbahn und genießt jetzt die Aussicht auf den Haupt-Main. An den Schienen entlang geht es weiter durch unwegsames Gelände und nach etwa einem Kilometer erreicht man eine Streuobstwiese. Rechts führen steile Treppenstufen nach unten. Dort biegt man wiederum rechts ab in Richtung »Dschungelpfad«. Der naturbelassene Weg führt durch ein Dickicht mit immer wieder schief wachsenden Bäumen und Wurzelarmen, über die man hinwegsteigen muss. Nah am Mainufer entlang schlängelt er sich bis nach Astheim. In Wanderkarten wird er als »teils schwierig begehbar« bezeichnet, weshalb man gutes Schuhwerk tragen und sich an manchen Stellen etwas mehr Zeit lassen sollte. Abseits vom Straßenlärm lassen sich auf dem Trampelpfad Schmetterlinge und auf dem Main Enten, Gänse, Kormorane und Schwäne beobachten.

Weiter geht es durch die Quitten- und Apfelplantagen bei Astheim bis in das hübsche Volkach. Auf dem gut sechs Kilometer langen

Durch die Escherndorfer Weinberge führt der Weg hoch zur Vogelsburg.

Rückweg passieren wir die Hallburg, ein Weingut der Grafen von Schönborn, in dem mit dem Ritter Harlachan ein Geist umgehen soll. Von dort wandert man hinunter in den Ort. Ein schöner Abschluss ist die Fährfahrt von Nordheim zurück nach Escherndorf.

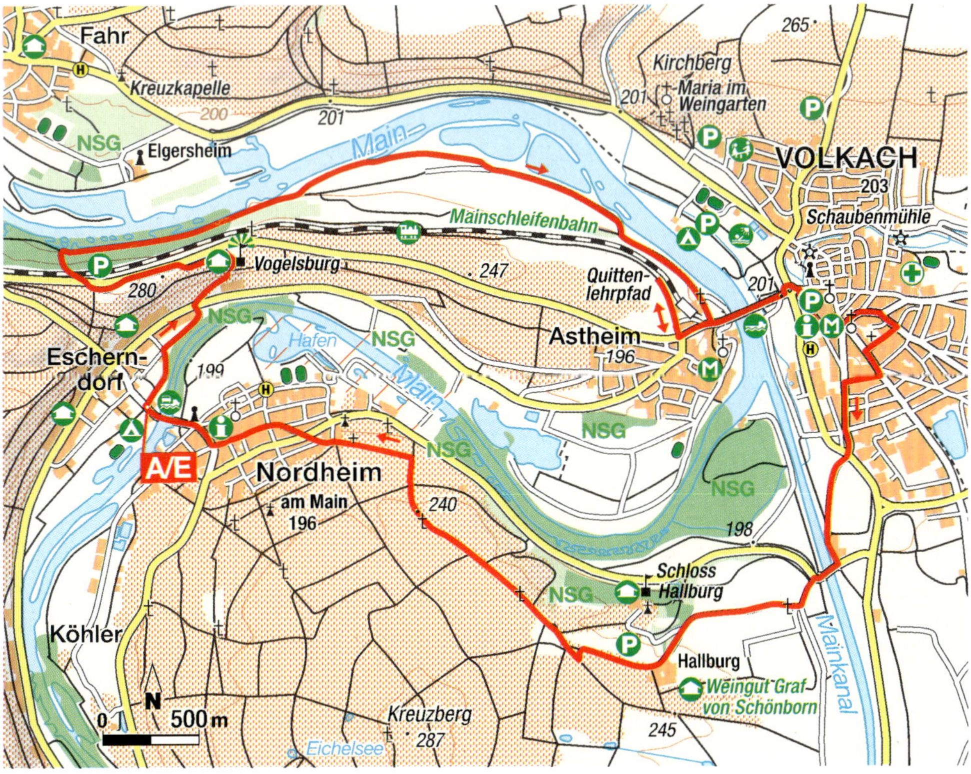

37

Weinparadies gleich neben der »Höll«

Das Weingut Hirn in Untereisenheim wurde nach Plänen Friedrich Hundertwassers errichtet. Die fränkische Villa Kunterbunt ist ein Bild heiterer Individualität.

Der Lebenstraum von Matthias Hirn wird 1991 geboren. In einer Buchhandlung bekommt der damals 20-Jährige ein Buch über Friedensreich Hundertwasser in die Hände. Zwölf Jahre später ist er Besitzer eines fröhlich-bunten Idylls mit begrünten Dächern, tanzenden Fenstern, runden Formen und geschwungenen Linien. Matthias Hirn hat den Gegner von Geometrie und Gleichförmigkeit in Wien persönlich getroffen und nach Plänen des Malers und Architekten entstand das Gebäude in Untereisenheim. Unterschiedlich große Flächen mit farbigen Mosaiksteinen, in die sonnengelbe und orangerote Fassade verbaute Weinflaschen und Bocksbeutel, Säulen und goldene Kugeln malen ein Bild voll heiterer Individualität. Eine fränkische Villa Kunterbunt mitten in den Untereisenheimer Weinbergen.

2003 eröffnete der Winzer sein »Weinparadies« – originellerweise gleich neben der »Höll«. So heißt die bekannteste und aufgrund der Sonneneinstrahlung heißeste der drei Weinlagen Untereisenheims. Der Kellermeister und Weintechniker baut dort Weiß-, Rot- und Roséweine, Sekt und Secco an. Vom klassisch fränkisch trockenen Silvaner bis zu fruchtigen aromatischen Spätlesen reicht die Palette. Bio-Weine aus den pilzresistenten Trauben Johanniter, Muscaris und Regent bereichern das Angebot. Auf die Biodiversität achtet der Inhaber des Weingutes mit mehr als 300 Jahren Tradition nicht erst seit gestern. Nachzulesen ist die Geschichte im Kellerbuch von 1756. Dort erfährt man zum Beispiel, dass der Betrieb 1866 zu den größten Weinhandelshäusern der Region zählte.

Das Weingut Hirn gehört zu den 100 Top-Adressen. Das besagt eine Urkunde der Deutschen Landwirtschafts-Gesellschaft. Dazu kommen die Ehrenpreise der Fränkischen Weinprämierung für herausragende Leistun-

INFOS

Adresse: Weingut Hirn, Dipbacher Straße 8, 97247 Untereisenheim
Besonderer Tipp: Die Heckenwirtschaft ist an vier Monaten im Jahr geöffnet. Spezialität des Hauses ist der Quittenburger. Leere Flaschen werden zurückgenommen und wiederverwendet.

Fröhlich bunt präsentiert sich das Weingut im Stile Friedensreich Hundertwassers.

gen. Die guten Tropfen probieren können Besucher in der Vinothek, zu den Öffnungszeiten der Heckenwirtschaft, bei Weinproben und Führungen durch das einzige Weingut im Stile Hundertwassers in Europa. Ein zweites steht in Kalifornien.

Wer länger im Weinparadies verweilen möchte, kann zu den Öffnungszeiten in der Heckenwirtschaft einkehren. Das Weingut beherbergt übrigens auch einen lizenzierten Hundertwasser-Shop, in dem Artikel des Künstlers zu erstehen sind. Es gibt Garten-Deko, Kaffee- und Espressotassen, Zuckerdosen, Magic-Cups, Postkarten, Lesezeichen, Roller-Pens, Regenschirme, Bilder und Grafiken, Kalender, Bücher und herrlich farbenfrohe Seidenschals.

38

Hoch in die Baumkronen

Im Spinnennetz hängen, über Balken balancieren, springen – Adrenalinkicks gibt's im Kletterwald Einsiedel und in Schweinfurt. Danach locken Biergarten und Beach Café.

Auf der Leiter viele Meter in die Höhe steigen, bewegliche Holzstäbe überqueren und mit der Seilbahn in einem Affenzahn zu Boden rauschen – Dutzende von Stationen und viele verschiedene Parcours mit unterschiedlicher Herausforderung gibt es in den Kletterwäldern am See in Schweinfurt und in Einsiedel im Gramschatzer Wald in der Nähe von Rimpar. Auf einer Höhe von drei bis 20 Metern finden Einsteiger und Mutige auf vielen Ebenen eine Vielzahl an Hindernissen, die überwunden werden müssen. Zusätzlich gibt es für die Kleinen ab vier Jahren Miniparcours. Spaß für die ganze Familie ist also garantiert. Und danach geht es zum Baden an den See, ins Beach Café, in den Biergarten oder ins Walderlebniszentrum.

Eingebettet in herrliche Natur lockt das klare Wasser am Schweinfurter Baggersee zum Schwimmen. Der Eintritt zum Baden ist frei. Tretboote und SUP-Boards werden verliehen. Es gibt einen Sandstrand und eine riesige Liegewiese zum Sonnen, Grillplätze und eine Walking- beziehungsweise Joggingstrecke rund um den See. Im Beach Café direkt am Wasser gibt es Frühstück, Snacks und Cocktails. Und wenn dann am Abend die Sonne bei einem Sundowner über dem See untergeht, ist die Sommerurlaubsidylle perfekt.

Schön schattig zwischen hohen Bäumen sitzt man im 1907 eröffneten Waldhaus Einsiedel zwischen Rimpar und Gramschatz. Auf den Bierbänken finden bis zu 1200 Gäste Platz. Es gibt einen Spielplatz mit Turm, Röhrenrutsche, Kletterwand, Balancierseil und Seilbahn. Wie in Biergärten üblich, holt man sich die Speisen und Getränke selbst. Es gibt

INFOS

Adresse: Kletterwald am Baggersee, 97421 Schweinfurt; Kletterwald Einsiedel, Am Biergarten Waldhaus Einsiedel, Gramschatzer Wald, 97222 Rimpar

Besonderer Tipp: Das Museum Carl Schäfer in Schweinfurt beherbergt eine einzigartige Sammlung deutscher Malerei und Zeichenkunst von 1760 bis 1930. Werke von Caspar David Friedrich, Carl Spitzweg und Max Liebermann sind zu sehen. Auch die Architektur des Gebäudes ist sehenswert.

Adrenalinkicks und so manche Herausforderung finden Mutige im Kletterwald.

Currywurst und Fleischküchle, aber auch Wildgulasch, wechselnde Tagesgerichte, Weißwurstfrühstück, Aktionswochen, manchmal Steckerlfisch und besondere Angebote für Kinder. Ausgeschenkt wird Bier der Arnsteiner Brauerei.

Praktisch: In der Nachbarschaft befindet sich das Walderlebniszentrum mit Waldwerkstatt. Kinder, Jugendliche, Familien und Erwachsene sind eingeladen, den Wald zu genießen. Entlang des ein Kilometer langen Walderlebnispfads »Sinneswandeln« gibt es fünf Stationen: Tasten, Lauschen, Riechen und Schmecken, Sehen und Alle Sinne. Sieben Stationen auf dem 700 Meter langen Erlebnispfad »Gramschatzer Zahlenwald« laden zum Entdecken, Ausprobieren und Nachdenken ein. Eingebunden in das Wander- und Radwegenetz des Gramschatzer Waldes ist der »Einsiedel« auch zu Fuß und per Fahrrad erreichbar.

Gleitschirmflieger
über dem Maintal

Ausflüge im Westen von Würzburg

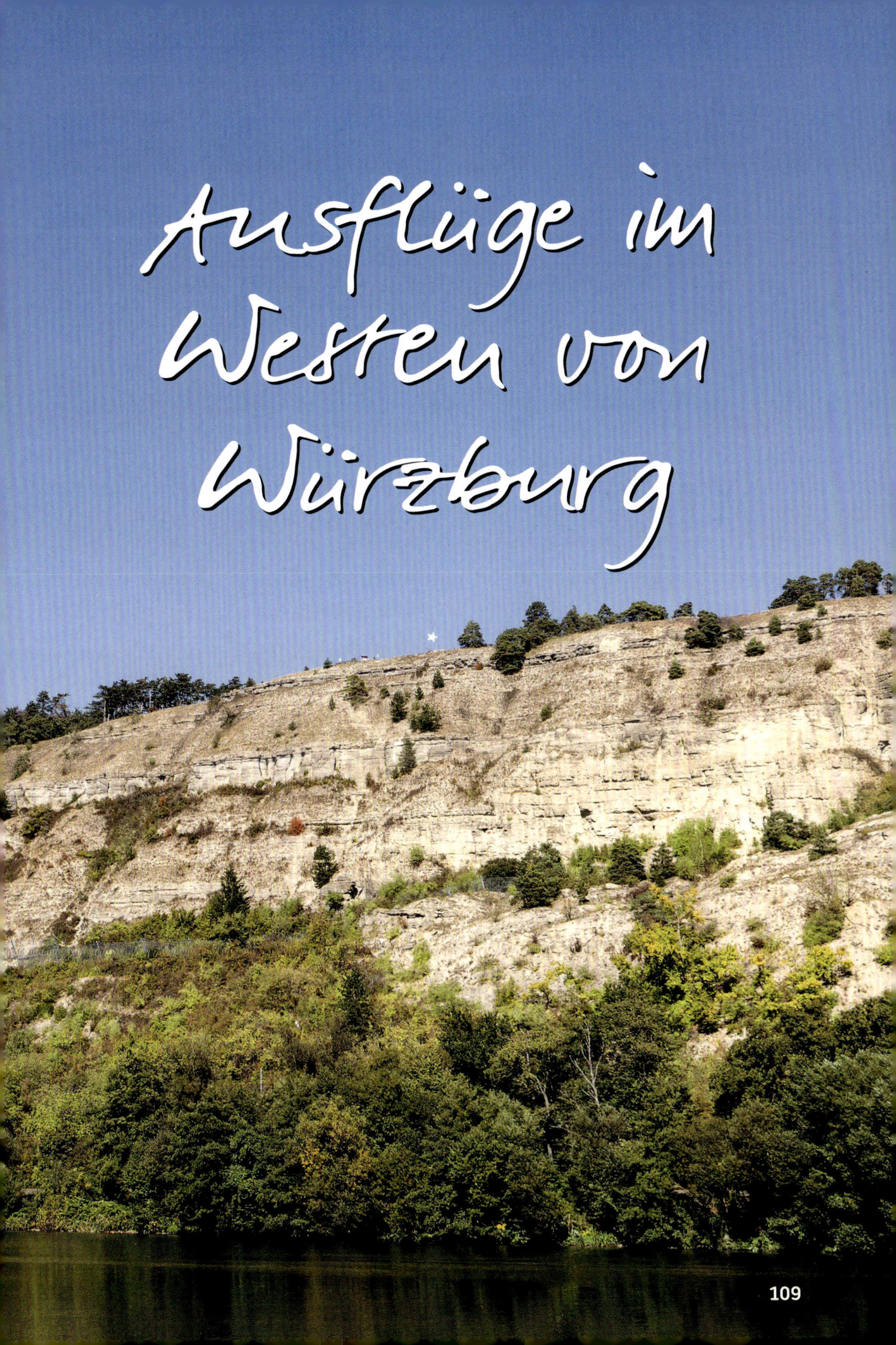

39

Von Fürstbischöfen und Fischli

Im Rokokogarten und im Sommerschlösschen lustwandeln, zum Mittelpunkt der EU radeln und an der Mainpromenade Meefischli essen – Veitshöchheim vereint Kultur, Gartenlust, Sport und Genuss.

Schon 200 Jahre bevor der Hawaii-Toast in Mode kam, fand man es schick, Ananas zu essen. Das tropische Gewächs galt als Königin unter den Früchten und war Adeligen vorbehalten. Weil die Exotin so beliebt war in den höheren Kreisen, soll es um 1750 in Veitshöchheim ein Ananashaus gegeben haben, in dem die Frucht angebaut wurde. Genüsslich verspeist wurde sie, nachdem man sie in spanischem Wein eingeweicht hatte.

INFOS

Start & Ziel: Sommerschloss und Rokokogarten: Echterstrasse 10, 97209 Veitshöchheim; die Schauräume im Schloss sind nur mit Führung zugänglich. Der Rokokogarten ist täglich bei freiem Eintritt bis zum Einbruch der Dunkelheit (längstens bis 20 Uhr) geöffnet. Auch Führungen werden angeboten.

Dauer & Weglänge: Radrundweg zum EU-Mittelpunkt 3–4 Std., 22 km; die beschilderte Tour ist anspruchsvoll, weniger sportliche Radler wählen besser ein E-Bike.

Diese und weitere Geschichten, etwa über die »indianischen Steinhäuser« und das Grottenhaus im Rokokogarten, erzählt die Ausstellung »Es kommen immer Leit aus Würzburg und Frembde hierher …« im Parterre des Sommerschlosses. Im 17. Jahrhundert errichtet, diente es den Würzburger Fürstbischöfen zunächst als Fasanerie und Jagdhaus für ihre »Schießbudenspektakel«. Diener trieben die Tiere zusammen, sodass es nur so von Wild wimmelte. Der »Jäger« konnte nicht danebenschießen. Im 18. Jahrhundert wurde das Bauwerk erweitert und diente fortan als Sommerschlösschen, in dem sich die Herren von ihren Repräsentationspflichten erholten. Schon damals praktizierten sie also Work-Life-Balance, spielten Billard, »Siebzehn und Vier« und lustwandelten im zwölf Hektar großen Rokokogarten. 300 Skulpturen, etwa von griechischen Göttern, Fabelwesen, Putten und Tieren, bevölkern den Park. An jeder Ecke eröffnen sich neue Sichtachsen auf Heckensäle und Lauben, Pavillons und Rondells. Prächtig ist der Berg Parnass mit dem Sonnengott Apoll, dem Chor der neun Musen und Pegasus mitten im großen See. Der Rokokogarten Veitshöchheim ist eine Garten-

An der Mainpromenade in Veitshöchheim legen die Ausflugsschiffe aus Würzburg an.

anlage, die europaweit ihresgleichen sucht. Denn während im 19. Jahrhundert die prunkvollen Parks meist in naturnahe Englische Gärten verwandelt wurden, blieb der Garten rund um die Sommerresidenz im Rokokostil erhalten.

Apropos Europa: Auf einem landwirtschaftlich genutzten Feld in der Nähe des kleinen Ortes Gadheim ist seit dem Brexit der Nabel der EU. Flaggen von der Europäischen Union,

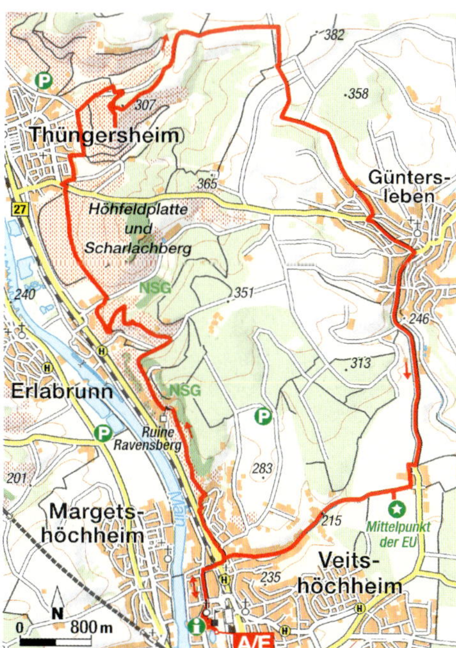

Einkehr-Tipp

Meefischli mit hausgemachtem Kartoffelsalat und Apfelremoulade gibt's im Restaurant **Fischerbärbel** an der Mainlände.

Ein rot-weiß-geringelter Stab zeigt den Mittelpunkt der EU in Gadheim. Eine Bank lädt zur Rast ein.

von Deutschland und von Veitshöchheim, denn dazu gehört der 80-Seelen-Ort, weisen schon von Weitem auf die Bedeutung hin. Der exakte Messpunkt – 9 Grad, 54 Minuten und 7 Sekunden östlicher Länge, 49 Grad, 50 Minuten und 35 Sekunden nördlicher Breite – wurde mit einem Findling markiert. In dem steckt ein rot-weiß-geringelter Messstab, so, als sei er vom vorherigen Mittelpunktsort in Aschaffenburg als Speer dorthin geworfen worden. Informationstafeln geben Auskunft über die EU und ihren Mittelpunkt. Eine runde Bank und ein Tisch bieten sich für ein Picknick oder eine Kaffeepause an. Das muss man sich freilich mitbringen.

Ein Radrundweg führt von Veitshöchheim zum EU-Mittelpunkt und wieder zurück. Eine gute Grundkondition ist jedoch erforderlich, denn es sind steile Anstiege zu bewältigen. Los geht es am Rokokogarten in Veitshöchheim, und dann in die Weinberge von Thüngersheim. Dort erwarten die Radfahrer zwei Terroir-f-Punkte mit tollen Ausblicken. Der erste ist dem Thema Wein und Wissenschaft gewidmet. Der zweite entführt in die griechische Mythologie zu Dionysos und Ariadne, die es sich als große Bronzeplastik auf einem Steinsockel bequem gemacht hat und die Sonne über der Lage »Johannisberg« genießt. Von dort geht es über Güntersleben zum EU-Mittelpunkt und anschließend wieder zurück nach Veitshöchheim.

Jetzt ist Entspannung und gemütliches Flanieren auf der Mainpromenade in Veitshöchheim angesagt. Wer dort bei Sonnenschein oder an einem lauen Sommerabend entlangbummelt, wähnt sich schnell im Urlaub im Süden. An der Skulptur »Waschschiff«, die vier Waschfrauen und darunter die Wellenbewegung des Mains zeigt, beginnt die Fußgängerzone mit netten, kleinen Gaststätten und Cafés, Relax-

In die griechische Mythologie entführt der magische Aussichtspunkt über Thüngersheim.

und Freizeitangeboten. Auf bequemen Liegebänken kann man Sonne tanken. Wasser plätschert ans Ufer und gegenüber schaukeln Segelboote auf dem Main. An Spieltischen aus Stein legen die Spaziergänger gern eine Pause für eine Partie »Mensch ärgere dich nicht« ein. Figuren und Würfel dazu hat man bestenfalls in der Tasche. Manche improvisieren aber auch mit den Fingern, kleinen Steinchen oder anderen Gegenständen, die man entweder bei sich trägt oder am Ufer findet.

An der Mainlände genannten Promenade legen die Ausflugsschiffe an, die zwischen Würzburg und Veitshöchheim verkehren. Einige Meter weiter nördlich befinden sich rechts ein Minigolfplatz mit »Kinderfahrschule« sowie links ein großer Abenteuerspielplatz mit Schaukeln, Spielhäusern, Kletterwand und dem großen Dreimaster »Santa Maria«. Schlendert man weiter, gelangt man zum Barfußpfad und zur Kneipp-Anlage. Dann kehrt man in einem der Biergärten oder Restaurants an der Mainlände ein. Eine weithin bekannte Spezialität sind die knusprigen »Meefischli« in der Fischerbärbel.

40

Rauf aufs »Edelweiß«

Alpines Klettern mit Blick auf den Main verheißt der Lenzsteig bei Karlstadt. Klammerreihen und eine Leiter am senkrechten Aufstieg bieten so manche Herausforderung.

Wer hoch hinaus will, muss nicht gleich in die Alpen fahren. Auf dem Lenzsteig bei Karlstadt können Mutige ausprobieren, wie sie mit dem Blick senkrecht in die Tiefe klarkommen, wenn sie selbst im Felsen hängen. 135 Höhenmeter werden auf der abwechslungsreichen Route an den Wänden im Naturschutzgebiet Grainberg-Kalbenstein überwunden. Klammern und Klammerreihen, sogenannte Querungen, bröselige Rinnen, Schotter und eine Stahlleiter wechseln sich am schroffen Kalksteinfelsen ab. Der Lenzsteig ist über den Parkplatz an der Falteshütte zu erreichen. Er liegt zwar im Landkreis Main-Spessart, gehört organisatorisch aber zur Alpenverein-Sektion Würzburg, die auch die Hütte betreut. Etwa 30 Minuten bis eine Stunde sollte man für den Aufstieg einplanen. Oben erreicht man am weithin sichtbaren »Edelweiß« aus Metall eine Plattform mit herrlicher Panoramaaussicht auf das Maintal.

Wer sich nicht in den Felsen wagt, kann zum »Edelweiß« auch wandern. Los geht es am kleinen Parkplatz gegenüber dem ehemaligen Bahnhof in Gambach. Von dort folgt man einfach den Hinweisschildern, auf denen ein Mastodonsaurus abgebildet ist. Die Blickrichtung des Ur-Tieres zeigt die Richtung des Geologischen Lehrpfades an, auf dem auf Tafeln über Gesteine, Fossilien und die erdgeschichtliche Entwicklung informiert wird. Der Weg führt über eine Treppenanlage, vorbei an Plattensandsteinformationen, durch die Weinberge und an der Winzerhütte des Winzer- und Bürgervereins Gambach vorbei. Einmal im Monat, meist am ersten Sonntag, werden die Wanderer dort bewirtet. Aber auch an den anderen Tagen bietet sich der Platz für eine Rast an. Weitere Stationen sind eine kleine Weinbergskapelle und eine Grotte, die 1958 anlässlich der Marienerscheinung in Lourdes 100 Jahre vorher errichtet wurde. Wenige Meter

INFOS

Start & Ziel: Klettersteig: Falteshütte; Wanderung: alter Bahnhof Gambach
Dauer & Weglänge: Klettersteig 30 Min. bis 1 Std., Klettersteigausrüstung erforderlich (ohne Anseilgurt, Klettersteigbremse mit Karabinern, Helm und Bergschuhe sollte sich niemand an den Fels wagen); Wanderung 1,5–2,5 Std., gutes Schuhwerk erforderlich
Besonderer Tipp: Die Aussicht vom Terroir f Karlstadt-Stetten reicht bis nach Würzburg und bietet einen fantastischen Blick auf das Maintal.

Klettern auf dem Lenzsteig im Naturschutzgebiet Grainberg-Kalbenstein.

nach der letzten Tafel des Lehrpfades erreicht man das »Edelweiß«. Wer die Aussicht in vollen Zügen genossen hat, wandert in 20 Minuten auf einem steilen Pfad, der an der Falteshütte vorbeiführt, zurück. Wer weiter wandern möchte, erreicht vom »Edelweiß« aus in etwa eineinhalb Stunden die Ruine Homburg bei Gössenheim. Die zweitgrößte Burganlage Deutschlands war angeblich von Reinhardt von Hohenberg im 11. Jahrhundert gegründet worden und ist seit 1720 verlassen. Die prachtvoll gelegene Ruine bietet herrliche Ausblicke in die Region.

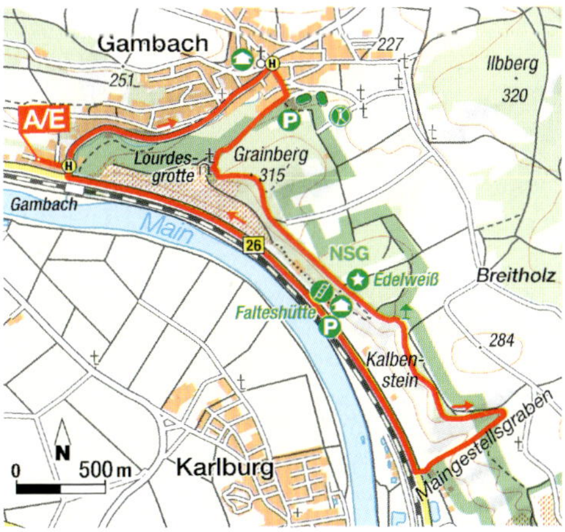

41

Brotzeit machen bei den »Nackerten«

Direkt in die Weinberge können sich die Wanderer ihre Vesper in Thüngersheim liefern lassen. Dann lassen sie es sich in Gesellschaft der schönen Ariadne schmecken.

Urlaubsgasse heißt eine Straße im Winzerort Thüngersheim. Der Name ist eine Reminiszenz an den berühmten Sohn Thüngersheims, den Barock- und Hofmaler Georg Anton Urlaub. Doch auch wenn der Name anderen Ursprungs ist, als man vermuten würde: Beim gemächlichen Bummel durch den denkmalgeschützten Winzerort mit seinen engen, verträumten Gassen und den drei Toren fühlt man sich schnell weit weg vom Alltag. Wer vom historischen Altort hoch in die Weinberge wandert, wird mit beeindruckenden Aussichten belohnt – und auf Wunsch auch verköstigt.

INFOS

Adresse: Raiffeisen-Sporthalle (Parkplatz, Start der Wanderwege)
Dauer & Weglänge: 2–8 Std., vom Parkplatz zum Terroir f »Wein & Mythologie« sind es hin und zurück 5 km.
Besonderer Tipp: Von Würzburg fährt man in zehn Minuten mit dem Zug nach Thüngersheim. Eine Tafel mit Wanderplänen befindet sich am Bahnhof.

Die Idee, Vesperboxen zu liefern, entstand während des Corona-Lockdowns. Weil die Heckenwirtschaft zu war, sind Monika und Ottmar Bauer viel gewandert. Auch in den Thüngersheimer Weinbergen. Weil es dort mit rund 30 an der Zahl sehr viele »Bänkli« gibt, überlegte das Winzerpaar, Brotzeitboxen dorthin zu liefern. Eine Idee, die zündete. Vor allem bei jungen Leuten zwischen 20 und 35 kommt das Angebot sehr gut an.

So funktioniert es: Spätestens einen Tag vorher wird ausgewählt, was die Brotzeitkiste beinhalten soll. Das können Roter und Weißer Presssack sein, Leberwurst, Schinken, Käse, Butter, Essiggurken und Wein. Sind die Wanderer an ihrer Wunsch-Bank angekommen, rufen sie an und nennen ihren Rastplatz. Monika Bauer packt daraufhin Lebensmittel, Teller, Gläser, Besteck, Tischdecke und Servietten in das zur Picknickbox umfunktionierte »Weinsteigle« und fährt los. Gut fürs ökologische Gewissen: Brot, Wurst und Käse stammen von regionalen Betrieben. Damit möglichst wenig Müll anfällt, werden umweltfreundliche Verpackungen verwendet. Diese und das Geschirr holt Monika Bauer später wieder ab.

Weingenuss am magischen Ort des Frankenweins auf dem Thüngersheimer Johannisberg

Weil Monika Bauer Gästeführerin im Winzerort mit der zweitgrößten Rebfläche Frankens ist, hat sie viel zu erzählen. Von der Thüngersheimer Knackwurst, die »so würzig schmeckt, dass man sie – ohne Senf oder Meerrettich – pur nur mit Brot« verspeist. Von den »Dominos«, die am Rosenmontag und Faschingsdienstag von Haus zu Haus ziehen und um Stärkung bitten. Und von den magischen Orten des Frankenweins, von denen Thüngersheim gleich zwei besitzt. Auf dem »Scharlachberg« lautet das Thema »Wein und Wissenschaft« und auf dem Johannisberg »Wein und Mythologie«. Ariadne sonnt sich dort, wie Gott sie schuf, und Dionysos – ebenso unbekleidet – trägt seinen Sohn Oenopion auf den Schultern. Er sollte der erste Winzer in der griechischen Mythologie werden.

Ariadne sonnt sich im Weinberg.

Einkehr-Tipps

Im **Landgasthof zum Bären** gibt es fränkische Klassiker, aber auch Vegetarisches. Die Häckerwirtschaft **Wein-Träume** hat saisonal geöffnet, es gibt hausgemachte Gerichte und eigenen Wein.

42

Bummel durch die Märchenschlucht

Dieser rund drei Kilometer lange Spaziergang führt auf verwunschenen Pfaden zu magischen Plätzen. Ein verstecktes Kleinod und eine Natur wie aus »Herr der Ringe«.

Von dichtem Moos bewachsene Felsen, ein munter dahinplätschernder Bach, und Bäume, die verstreut im Wald liegen, als hätte ein Riese mit ihnen Mikado gespielt. Wie im Märchen fühlen sich die Spaziergänger in der wildromantischen Klingelsbachschlucht. Kaum jemand würde sich wundern, würde ein Rumpelwicht hinter einem Stein hervorlugen, das Rotkäppchen umherspringen oder ein Hobbit den Weg kreuzen. Der Klingelsbach beziehungsweise Klingelsbachgraben ist ein etwa fünf Kilometer langer Bach im Landkreis Main-Spessart. Die Wanderung beginnt am Parkplatz an der Mainlände in Lengfurt. Auf dem Schleusensteg überquert man den Main, betritt dort den Wald und wendet sich nach links. In Serpentinen führt der Waldweg nach oben. An Steilhängen und von Efeu umrankten Stämmen vorbei führt der verwunschene Pfad zu einer alten Brücke. Sie überspannt die Klingelsbachschlucht und spätestens dort fühlt man sich wie in einer Szene aus dem Film »Herr der Ringe«.

Es lohnt sich, an diesem Platz etwas zu verweilen. Wer fotografieren möchte, wechselt zum Beispiel auf die andere Seite der Brücke und steigt hinunter in den Graben. Je nachdem, wie stark es in den vergangenen Tagen geregnet hat, fließt dort ein munterer Bach oder nur ein kleines Rinnsal. Ein paar Meter weiter springt das Wasser in Kaskaden dem Main entgegen. Der Wanderweg führt auf der rechten Seite der Schlucht entlang. An der gegenüberliegenden Seite ist ein weiterer Wasserfall zu sehen, der sich über einen dick bemoosten Felsen in die Tiefe stürzt. Bei aller Verzücktheit sollte man an dieser Stelle Vorsicht walten lassen. Auf den glitschigen Steinen und dem nassen Laub gerät man leicht ins Rutschen. Gutes Schuhwerk ist ein Muss. Zurück geht es weiter den Waldweg hinab, der

INFOS

Start & Ziel: Mainlände in Lengfurt
Dauer & Weglänge: 1–2 Std., ca. 3 km
Besonderer Tipp: An kalten Wintertagen gefrieren der Bach und die Triefensteiner Wasserfälle zu Eis und dicke Zapfen hängen von den Felsen. So entstehen eine magische Winterwelt und ein beliebtes Fotomotiv.

Ein mystischer Ort ist die wildromantische Klingelsbachschlucht.

mit ein paar natürlichen Stufen das Gehen erleichtert. An der unteren Brücke angelangt, wendet man sich nach rechts und erreicht wieder die Schleuse.

Einkehr-Tipp

Fränkische Küche von der Leberknödelsuppe bis zum Wildschweinbraten serviert der Gasthof **Zum Stern** in Triefenstein.

43

Verführerisch wie ein zarter Kuss

Oh, là, là! Himbeerrosa, sonnengelb und schokoladenbraun kommt das französische Gebäck aus dem Ofen. Gefüllt mit Buttercreme schmecken die Macarons himmlisch.

Natürlich lassen sich Macarons selbst herstellen. Doch das ist nicht so einfach. Die französischen Diven reagieren schnell verschnupft. Selbst kleine Fehler quittieren sie mit einem weniger ebenmäßigen Antlitz oder Rissen in der Oberfläche. Damit man sich trotzdem frohgemut ans Werk machen kann, stattet Brigitte Jórasz die Hobbykonditoren und -konditorinnen in Retzstadt mit den wichtigsten Tipps aus. In ihren Macaronkursen zeigt sie nicht nur, wie es richtig gemacht wird. Sie verrät auch reichlich Tricks zur Macaron-, aber auch zur Kuchenbäckerei im Allgemeinen. Denn die Kursleiterin ist ebenso ein Profi in Sachen Motivtorten. Mit ihrem »Summer Cottage« hat sie bei der Tortenschau in Hamburg die Goldmedaille gewonnen und wurde unter 80 Mitstreitern als Beste der ganzen Show gekürt.

Los geht es mit der Baisermasse. Dazu werden Eiweiß, Zucker und Salz über dem Wasserbad auf 30 Grad erhitzt und dann mit dem Handmixer in etwa vier Minuten aufgeschlagen. »Die Zuckerkristalle sollten nicht mehr zu sehen und zu fühlen sein«, erklärt sie. Jetzt wird das Ganze mit Lebensmittelfarbe in Pulver- oder Gelform eingefärbt. Auch Kakao als natürlicher Farbstoff funktioniere, er muss jedoch stark entölt sein, sonst wird das Gebäck »schrumplig«. Anschließend wird die fein gehackte und gesiebte Mandel-Puderzuckermischung »so lange mit dem Spatel untergehoben, bis die Masse wie Lava fließt«.

Jetzt dürfen die Neulinge ihr Glück probieren. Brigitte Jórasz macht's vor, anschließend spritzen alle anderen mit dem Dressierbeutel »Bätzchen« auf die Dauerbackfolie. Die wird

INFOS

Adresse: Brigittes Tortendesign, Brigitte Jórasz, Am Steinberg 52, 97282 Retzstadt. Backkurse für Macarons, Cup Cakes und Motivtorten werden regelmäßig und für Gruppen auf Wunsch veranstaltet.

Besonderer Tipp: Rund um Retzstadt und Retzbach lassen sich schöne Wanderungen unternehmen. Besonders schön ist die Aussicht vom Benediktusberg in den Weinbergen von Retzbach auf das Maintal. An bestimmten Tagen ist dort die Winzerhütte geöffnet.

Gemeinsam Macarons zu backen macht Spaß.

dann vorsichtig auf ein Lochblech, wie man es zum Brötchenbacken verwendet, gezogen. Dann der Clou: Die Konditorin bringt die Baisermasse mit mehrmaligem beherztem Klopfen mit der flachen Hand auf dem Blechboden in die gewünschte Form. Um die Macaronschalen zu backen, gibt es zwei verschiedene Möglichkeiten, eine mit und eine ohne Holzlöffelstiel in der Ofentür. Ziel ist, dass sie Füßchen bilden und nicht reißen.

Anschließend spritzen die Kursteilnehmer mit der Sterntülle eine leicht säuerliche, fruchtige Buttercreme auf jede zweite Schale. Dann werden zwei Teile zusammengesetzt und, voilà, die Macarons sind fertig – und sehen zum Anbeißen aus. Besser jedoch, man geduldet sich mit dem Vernaschen bis zum nächsten Tag. Denn wenn Baiser und Buttercreme etwas durchgezogen sind, schmecken sie – oh, là, là – noch mal so gut.

44

Erzähle, altes Haus!

Das größte Juwel im Museum Karlstadt ist das Schatzkästchen selbst. Im Gebäude aus dem 14. Jahrhundert treffen mittelalterliche Wandmalereien auf zeitgenössische Kunst.

Auf Schritt und Tritt ein Erlebnis ist das im Frühjahr 2022 neu eröffnete Museum mitten in Karlstadt. Schon das aus dem 14. Jahrhundert stammende Baudenkmal ist ein ganz besonderes Schmuckstück. Die originalen Wandmalereien aus dem 16. Jahrhundert, darunter Wappen fränkischer Adelsfamilien und Sinnsprüche, sind ein kulturhistorisches Kleinod. Ganze Geschichten entspinnen sich vor dem geistigen Auge, wenn man heute von den einstigen Widrigkeiten und dem tiefen Glauben der Bewohner liest. Drei große Themen führen auf die Spuren von Karlstadts Vergangenheit: die Ausstellung ZeitBRÜCHE, die sogenannte Zeitkapsel im zweiten Obergeschoss und die Stadtgeschichte mit einem Einblick in 200 000 Jahre Menschheitsgeschichte in der Region.

Unter dem Titel ZeitBRÜCHE lassen Kunstwerke als Seismografen ihrer Zeit Vergangenes erlebbar werden. Mit mehr als 200 Exponaten soll dabei ein zeitlicher Bogen vom 16. Jahrhundert bis hin zur Gegenwart geschlagen werden. Neben Werken von Ernst Barlach, Jaques Gassmann, Herbert Janouschkowetz oder Michael Morgner sind auch Werke von Thomas Hildenbrand und Thomas Lange zu sehen. Der Fokus liegt auf Gemälden, Lithographien, Zeichnungen, Skulpturen und Kunstobjekten, die zu einer differenzierten Betrachtung im Sinne der »ZeitBRÜCHE« einladen sollen. Die Werke stammen vornehmlich aus der Sammlung des Domkapitulars Dr. Jürgen Lenssen, der sie der Stadt geschenkt hatte.

Im zweiten Obergeschoss treten die Besucher ein in die Wohnkultur vergangener Zeiten. Wie in einer Zeitkapsel erhielten sich dort über 500 Jahre lang fast unverändert vier Fachwerkstuben. Sie atmen mit ihren Wandmalereien den Zeitgeist des 16. Jahrhunderts, als Adelsgeschlechter die Geschicke des Landes lenkten und humanistische Ideen das Weltbild des Mittelalters stürzten. Ein multimedialer Ausstellungsraum erlaubt Einblicke in die Baugeschichte des Hauses und schildert Episoden

INFOS

Adresse: Museum Karlstadt, Hauptstraße 9, 97753 Karlstadt
Besonderer Tipp: Lust auf mehr Geschichte? Der Aufstieg zur Burgruine Karlsburg lohnt sich wegen des historischen Platzes und der schönen Aussicht auf den Main und auf Karlstadt. Neben dem Lichtspielhaus führen zwei schmale Treppen auf einen 500 Meter langen Waldweg, der stetig bergan nach oben führt.

Das Museum ist von außen und innen ein Kleinod.

aus dessen Vergangenheit. So wird das einmalige Denkmal begreifbar.

Von der Steinzeit bis zum Hochmittelalter reichen die Schautafeln und wertvollen archäologischen Funde und Exponate im Bereich Stadtgeschichte. Einen Schwerpunkt der Ausstellung bildet die Besiedelung des Raumes durch die Merowinger, das älteste Königsgeschlecht der Franken, und die Karolinger, die mit dem Königsgut in der »villa Karloburgo«, dem heutigen Karlburg, die Region um Karlstadt stark geprägt haben.

45

Vom Räuberwald ins Schloss

Wie in einem Märchen fühlt man sich beim Anblick des verträumt im Wald liegenden Wasserschlosses Mespelbrunn. Eine Wanderung führt durch den einst berüchtigten Spessart dorthin.

Los geht es am Wanderheim in Mespelbrunn. Ein roter Hase als Markierungszeichen führt in Richtung Heimbuchenthal. Am Bach Elsava entlang gelangt man zum großen Wasserrad der ehemaligen Kullmannmühle, zur St. Martinuskirche und zur Wegkreuzung Steiniger Berg. Von dort begleitet das Zeichen H1 durch den herrlichen Spessart bis zum Echterspfahl. Einer Sage nach sollen sich dort einmal im Monat die drei Brüder Echter getroffen haben, Raubritter, die von Kaiser Barbarossas Truppen verfolgt wurden. An den drei Ringen am Pfahl sollen sie ihre Pferde angebunden haben. Weiter geht es auf einem Forstweg, bis ein Roter Schrägstrich die Wanderer auf weichem Waldboden zum Wasserschloss Mespelbrunn führt. Vorbei an der kleinen Basilika Maria Schnee geht es zurück zum Ausgangspunkt.

Die Krone setzt der Wanderung ein Besuch des Schlosses Mespelbrunn auf. Seit Hunderten von Jahren liegt es versteckt in einem abgelegenen Seitental des Spessartwaldes und hat dadurch alle Kriege unversehrt überstanden. Originaler geht es kaum, auch nicht romantischer. Fassade, Türme und Erker spiegeln sich im dunklen Waldteich wider. Die drei Ringe am Echterspfahl finden sich im Wappen wieder, und auf dem Brunnen bewacht ein Ritter die Geschicke der Bewohner. Seit 1412 ist die Familie im Mespelbrunner Forst ansässig, Mitte des 16. Jahrhunderts wurde die Wasserburg zum Renaissanceschloss erweitert. Das Erbauerehepaar ist an einem der künstlerischen Sandsteinportale in Stein gemeißelt. An anderer Stelle zeigen stilisierte Hände die Ver-

INFOS

Adresse: Schloss Mespelbrunn, Schlossverwaltung, 63875 Mespelbrunn; Wanderung: Wanderheim Mespelbrunn
Dauer & Weglänge: 2,5–3 Std., 10 km, mittel mit Steigungen. Tour für Familien: »Räuberwanderweg« mit Spielplätzen und Mitmachstationen
Besondere Tipps: Ein- bis zweimal im Jahr ist der Schlosshof Bühne für Theater, Musik oder das Weinfest. Verliebte können im Schloss heiraten.
Einen Besuch wert ist das Beavers in Erlenbach am Main. Es ist zugleich Musik-Museum und Live-Club.

Das Wasserschloss Mespelbrunn spiegelt sich im Teich wider.

bundenheit der Familie mit dem Land. Bis heute bewohnt Gräfin Marie Antoinette von Ingelheim den Süd- und Ostflügel, der Nordtrakt kann besichtigt werden. Bei Schlossführungen erfährt man Interessantes über das Gebäude, sieht Rüstungen, Waffen und Familienportraits, anhand derer die wechselnde Mode studiert werden kann, und eine Ahnenprobe. Darüber wurden früher infrage kommende Ehepartner ausgewählt. Natürlich erfährt man auch, dass im Schloss der Film »Das Wirtshaus im Spessart« mit Liselotte Pulver als Franziska Comtesse von und zu Sandau und Carlos Thompson als smarter Räuberhauptmann gedreht wurde. Im Gästebuch haben sie sich verewigt. So schrieb Liselotte Pulver am 10. Oktober 1957: »Ich bedanke mich für alles Gute, speziell aber für die Tee- und Kaffeepausen.«

Register

Impressum

Verantwortlich: Lea Niesler
Redaktion: Christian Schneider
Korrektorat: Ralf J. Klumb | The Wordworms
Layout: Elke Mader
Kartografie: Bruckmann Kartografie, Heidi Schmalfuß
Repro: LUDWIG:media
Herstellung: Bettina Schippel
Printed in Turkey by Elma Basim

★★★★★

Sind Sie mit diesem Titel zufrieden? Dann würden wir uns über Ihre Weiterempfehlung freuen. Erzählen Sie es im Freundeskreis, berichten Sie Ihrem Buchhändler oder bewerten Sie bei Onlinekauf. Und wenn Sie Kritik, Korrekturen oder Aktualisierungen haben, freuen wir uns über Ihre Nachricht an J. Berg Verlag, Postfach 40 02 09, D-80702 München oder per E-Mail an lektorat@verlagshaus.de.

Unser komplettes Programm finden Sie unter www.j-berg-verlag.de

In diesem Buch wird aus Gründen der besseren Lesbarkeit das generische Maskulinum verwendet. Weibliche und anderweitige Geschlechteridentitäten werden dabei ausdrücklich mitgemeint, soweit es für die Aussage erforderlich ist.

Empfehlung der Redaktion
Sie sind auf der Suche nach weiterführender Literatur? Dann empfehlen wir Ihnen den Titel »Einfach raus in & um München« von Maria Eckl. Oder Sie werfen einen Blick in die Zeitschrift BERGSTEIGER. Hier werden Sie bestimmt fündig.

Bildnachweis: Alle Bilder im Innenteil stammen von der Autorin, mit Ausnahme von S. 7: Wolfgang Kehl; S. 8: Jürgen Müller, Stadt Karlstadt; S. 13: Lars Linz; Tour 2: Karl Josef Hildenbrand/LWG; Tour 3: Bayerische Schlösserverwaltung, www.residenz-wuerzburg.de; Tour 7: Würzburger Nachtwächter GmbH/icue medienproduktion GmbH & Co.; Tour 9: Daniel Peter; Tour 10: Kathrin Königl; S. 40/41: Anke Hartenstein-Stryjski/ Tourist-Information Sommerhausen; Tour 13, S. 45: Lars Linz; Tour 17, S. 54: Lothar Schmidt; S. 56/57: Fürstlich Castell'sches Domänenamt; Tour 19: Gabriele Brunsch; Tour 21 oben: Fürstlich Castell'sches Domänenamt; Tour 22: Josef Röll; Tour 24 oben: Mechthild Engert; Tour 25 oben: Ronald Grunert; Tour 25 unten: Viktor Meshko; Tour 26 unten: Jutta Möslein; Tour 29 oben: Bayerische Staatsforsten AoeR Martin Hertel; Tour 29 unten: Wolfgang Kehl; Tour 30: Waterwalker; Tour 33: Abtei Münsterschwarzach; Tour 37: Weingut Hirn; Tour 38: Lea Günster; S. 108/109: Stadt Karlstadt, Jürgen Müller; Tour 39, S. 113: Karl Josef Hildenbrand/LWG; Tour 40: Stadt Karlstadt, Jürgen Müller; Tour 41: Weinträume Thüngersheim; Tour 44: Stadt Karlstadt, Jürgen Müller; Tour 45: Francesco Carovillano

Umschlagvorderseite: SUP-Tour auf dem Main (© Waterwalker)
Umschlagrückseite: Der Baumwipfelpfad Steigerwald nahe Ebrach (© Bayerische Staatsforsten AoeR Martin Hertel)

Die Deutsche Nationalbibliothek verzeichnet diese Publikation in der Deutschen Nationalbibliografie; detaillierte bibliografische Daten sind im Internet über http://dnb.d-nb.de abrufbar.

ISBN 978-3-86246-927-7

Albert Mauder

Kunst des Sterbens

Eine Anleitung

Verlag Friedrich Pustet Regensburg

ISBN 3-7917-0371-4

Umschlag Paul Günther Augsburg
Gesamtherstellung Funk-Kurier Marktheidenfeld
Printed in Germany 1973

Inhalt

Die biblischen Texte und Zitate werden im Wortlaut der deutschen Einheitsübersetzung gebracht. Für den praktischen Gebrauch beachte jedoch die Ausführungen auf Seite 89 f.

Warum eine »Kunst des Sterbens« heute notwendig zu sein scheint

Alle Menschen müssen sterben.
So leicht und selbstverständlich dieser Satz ausgesprochen werden kann, so erschreckend ist sein Gewicht und so schwer ist er in die vielen anderen Selbstverständlichkeiten unseres Lebens mit hineinzunehmen.
Jeder von uns weiß, daß er einmal sterben muß. Trotzdem leben wir zumeist so, als gäbe es keinen Tod. Nur manchmal wird es uns bewußt. Wenn wir plötzlich am Sarg eines Menschen stehen und Abschied nehmen müssen von ihm, der uns lieb war, oder wenn der Postbote einen Brief mit schwarzem Rand in unser Haus bringt, dann erschrecken wir und wachen auf. Plötzlich wird es uns bewußt, und eine Zeitlang sinnen wir dann über das schreckliche Geheimnis des Todes nach. Aber bald gewinnen dann doch wieder die Sorgen des Tages und die Aufgaben des Lebens die Oberhand, und so vergessen und verdrängen wir das Bewußtsein unserer Sterblichkeit.
Es redet auch niemand öffentlich vom Tod. Das Sterben spielt sich hinter den verschlossenen Türen der Kliniken ab und hat mit dem täglichen Leben nichts mehr zu tun. Nun sollte man allerdings hierüber nicht aus-

schließlich klagen. Denn diese Isolierung des Sterbens ist auch eine Wohltat und nicht nur ein Problem. Fast alles ist heute öffentlich oder wird ans Licht der Öffentlichkeit gezogen, selbst intimste persönliche Bereiche. Man sollte also auch dankbar dafür sein, daß wenigstens das Sterben noch nicht seines privaten Charakters beraubt worden ist und man also noch ganz persönlich und für sich allein sterben darf. Die Verborgenheit des Sterbegeschehens führt nun aber dazu, daß kaum einer von uns noch irgendwelche persönlichen Erfahrungen mit Tod und Sterben machen kann. Wir bleiben ausgeschlossen. Darum fällt es uns schwerer als den Menschen früherer Zeiten, uns mit unserem eigenen Tod und unserem persönlichen Sterben erlebnismäßig und gedanklich auseinanderzusetzen.

Die Angst vor dem Sterben ist deshalb unter uns sehr groß geworden. Weil aber die Angst herrscht, wird andererseits alles, was mit Tod und Sterben zusammenhängt, aus dem Bewußtsein verdrängt. So entsteht ein Regelkreis aus Angst und Verdrängung, in dem ein Moment das andere ständig steigert.

Wirkliche Seelsorge, der es um den ganzen Menschen zu tun ist, muß diesen Teufelskreis durchbrechen und muß auch vom Sterben reden können. Dies ist der Sinn der vorliegenden Schrift. Sie ist entstanden aus einer Reihe von Predigten, die der Verfasser im Frühjahr 1973 in der Neupfarrkirche zu Regensburg gehalten hat und deren Echo ihn ermunterte, das Manuskript in leicht überarbeiteter Form einem breiteren Kreis zugänglich zu machen. Es war die Absicht dieser Predigten, einmal all denen, die voller Angst und Sorge ihrem eigenen Tod entgegenschauen, allein schon durch das Aussprechen bestimmter wichtiger und notwendiger Dinge eine kleine Hilfe zu geben; sodann aber auch, lang vergessene und vernachlässigte Anweisungen zu sachgemäßer Sterbehilfe all denen zu bieten, die von Berufs wegen oder weil in der Familie jemand dem Tod entgegengeht, solche Anweisung brauchen. Es ging um Praxis, nicht um theologische Theorie.

Dementsprechend wendet sich diese Schrift an Menschen, die unter der Angst des Todes leiden, die sich der Wahrheit stellen wollen oder die auch einfach nur die Neugier plagt. Sie ist geschrieben für freiwillige, berufsmäßige oder zufällige Krankenpfleger und hofft, sowohl Ärzte als auch Pfarrer zu erreichen. Neben vielen Alten und Uralten hat sie die nicht eben wenigen Menschen aller Altersstufen im Blick, die im Wissen oder in der Ahnung über die Unheilbarkeit ihrer Krankheit dem sicheren Ende entgegengehen.

Der Verfasser steht seit nunmehr zwanzig Jahren als Pfarrer im Dienst der Kirche. Unter seinen Augen sind so viele Menschen gestorben, und er hat dabei so viel Angst, Verzweiflung, Hilflosigkeit, Lüge und Unmenschlichkeit, aber auch so viel wirkliche Kraft, Hingabe, Glaubensstärke und auch einfach menschliche Größe bei allen Beteiligten gesehen, daß er sich zu derartigen Ratschlägen ermächtigt glaubt. Darüber hinaus hat er mittelalterlich-christliche und auch etwas außer-

christliche Literatur eingesehen, um so seine eigenen Erfahrungen und Überlegungen mit denen anderer zu vergleichen und sie von da her auch korrigieren zu lassen. Über diese Literatur[1] sei noch ein kurzes Wort gesagt.
Warum konnte das Mittelalter eine »ars moriendi« schreiben, und warum fällt das unserer Zeit offensichtlich so schwer? Der Grund hierfür dürfte darin zu suchen sein, daß man in früheren Zeiten — als es noch keine medizinische Wissenschaft gab, die einen mit heute auch nur vergleichbaren Stand erreicht hätte — ganz anders gestorben ist als heute. Man starb an ganz anderen Krankheiten, und man starb viel bewußter und wacher. Darum konnten Angehörige und Pfleger viel mehr vom Sterben erfahren als wir. Inzwischen haben sich die äußeren Bedingungen des Sterbens sehr gewandelt. Die sterbenden Menschen jedoch sind nach wie vor unverändert, sind Menschen auf dem Todesweg. Darum gilt vieles von den Erfahrungen, die in den alten Büchern niedergelegt sind, unverändert weiter. Die heutige Erfahrung bestätigt es. Auf manche überraschende Übereinstimmungen zwischen christlichen und buddhistischen Einsichten hat schon C. G. Jung in seinem Kommentar zum tibetanischen Totenbuch hingewiesen.
Daß hinter den Ausführungen in den folgenden Kapiteln primär die Aussagen der heiligen Schrift und eines an ihr geschulten christlichen Denkens stehen, braucht nicht eigens betont zu werden. Doch nötigt die praktische Erfahrung im Umgang mit Sterbenden zu mancherlei Rückfragen an die Richtigkeit gängiger theologischer

Theorien. Für derartige Auseinandersetzungen ist allerdings im Rahmen der vorliegenden Schrift kein Platz; sie müssen ausgespart bleiben.

Der Zusammenhang zwischen Leben und Sterben

Mortis meditatio vita.[2]

Der lateinische Satz, der diesem Kapitel als Motto vorausgeht, stammt aus der Gründungsinschrift der von Holzschuher'schen Grabkapelle auf dem St. Johannisfriedhof in Nürnberg. Er signalisiert einen außerordentlich engen inneren Zusammenhang zwischen der Lebensführung und dem Todeserleben eines Menschen. Ob wir schwer oder leicht, ob wir versöhnt oder im Unglück, ob wir durch einen schlimmen Kampf oder im Frieden sterben, das entscheidet sich nicht erst dann, wenn es endgültig und unwiderruflich mit uns zu Ende zu gehen beginnt. Es entscheidet sich in langer Vorbereitungszeit durch die ganze Art und Weise, wie wir leben und gelebt haben, ehe es soweit war. Unser Sterben wird durch unser Leben vorgeprägt, und unser ganzes Leben bereitet unser Sterben vor. Es gibt da nicht irgendwann einmal einen ganz radikalen Umschwung, mit dem das Sterbegeschehen im Unterschied zum bisherigen Lebensvollzug erst anfangen und einsetzen würde, sondern unser Leben verwandelt sich ganz unmerklich in das Sterben hinein. Genaugenommen beginnen wir zu sterben von dem Augenblick an, wo wir bewußt zu leben beginnen; unser ganzes Leben ist ja ein »Leben zum Tode«. Deshalb stirbt im allgemeinen jeder mehr oder weniger so, wie er gelebt hat. Aus diesem Grund muß der Anfang jeder Sterbehilfe eine sorgfältige und genaue Anweisung zum rechten Leben sein. Man kann nicht eines vom anderen trennen. Auch die allgemein übliche Redensart, in der »Leben und Sterben« stets zusammengefaßt erscheinen, weiß von diesem tiefgreifenden Zusammenhang. So kann man sagen: nur der lebt im vollen Sinn, der um sein Sterben weiß; erst ein Leben, das bewußt auf den Tod hin gelebt wird, ist volles, ganzes und wirkliches Leben.

Denn: »Im Leben sind Sie auch nur ein Toter auf Urlaub«, sagt mit verbindlichem Lächeln der Sekretär des phantastischen Totenreiches zu dem Archivar der »Stadt hinter dem Strom« in Hermann Kasacks[3] gleichnamigem Roman, indem er ihn »vorübergehend« ins Leben entläßt. Das makabre Bürokratendeutsch entlarvt erschreckend klar die wirkliche Situation.

Wie sieht ein solches Leben aus? Wie lebt es sich angesichts der letzten Wahrheit, daß man sterben muß? Durch welche Art und Weise meiner Lebensführung kann ich für mich selbst die Voraussetzungen eines guten und friedvollen Todes bereiten?

Die heilige Schrift ist voll von Anweisungen für ein solches Leben. Einige der wichtigsten seien herausgegriffen:

* * *

»Sammelt euch nicht Schätze auf der Erde, wo Motten und Würmer sie zerstören und wo Diebe einbrechen und sie stehlen.« (Mt. 6,19).
Mit dem rechten Verhältnis zu den Gütern und Gaben dieser Welt fängt alles an. Zwei Verse weiter heißt es: »Wo dein Schatz ist, da ist auch dein Herz.«
Bekanntlich hat das Totenhemd keine Taschen. Je mehr einer an den Dingen hängt, die doch an diese Welt gebunden sind, mit dieser Welt entstehen und vergehen und deshalb unter allen Umständen zurückgelassen werden müssen, wenn die große Reise in das »andre Land« beginnt, um so schwerer fällt einem solchen Menschen das Sterben. Ich will jetzt gar nicht von denen reden, die überhaupt ihr ganzes Leben nur an den Erwerb (und den Verbrauch!) von Gütern hängen; nicht von denen, die Gold zu Silber, Stein zu Stein, Kapital zu Kapital häufen, um dann mit Sicherheit in ihrer Sterbestunde als die Ärmsten der Armen dazustehen. Den meisten von uns fehlt es ohnedies an den Voraussetzungen, derartige »Schätze« horten zu können. Unsere »Schätze« sammeln sich meist von selber an im Lauf des Lebens, und das meiste davon besteht aus Gerümpel und Trödelware. Wer einmal einen Haushalt aufzulösen hatte, weiß ein Lied davon zu singen. Fast alle Güter, die sich bei uns ansammeln, und von denen wir uns nicht trennen können, werden schon zu unseren Lebzeiten von Motten und Rost angefressen und sind nichts mehr wert. Warum also belasten wir uns damit?

Der eine hat noch immer seinen Hochzeitsfrack im Schrank hängen, obwohl er inzwischen fünfundzwanzig Pfund zugenommen hat, die andere bewahrt mit sechzig Jahren noch ihre Puppe aus der Kinderzeit auf. Einer kann seine alten Schulhefte nicht wegwerfen und ein anderer hütet vergilbte Fotos einer längst vergangenen Zeit wie der Lindwurm den Nibelungenschatz. Einübung ins Sterben fängt an mit dem Entrümpeln, mit dem Wegwerfen und Fortschaffen alles dessen, was doch nur Ballast ist. Es ist eine gute, vielerprobte und nachahmenswerte geistliche Übung, pünktlich alle fünf Jahre eine große Razzia im Hause zu veranstalten und sich von allem zu befreien, was keinen Sinn und Wert mehr hat. Dabei muß man rigoros sein. Man schaue sich alle seine »Schätze« genau an und stelle sich dabei vor, man wäre jener Verwandte, der nach dem Tod dies alles ordnen und auflösen soll. Das wirkt ernüchternd und macht das Wegschaffen leicht. Die Müllabfuhr ist geduldig, und für größere Gegenstände gibt es bei den städtischen Werken eine eigene Telefonnummer.

Zum Entrümpeln gehört als guter Nachbar das Verschenken als eine andere Form, sich frei zu machen von Dingen, die nur belasten. Manches ist ja wirklich zu wertvoll, als daß man es einfach wegwerfen könnte. So aber kann man dem einen oder anderen dazu noch eine Freude machen; eine *wirkliche* Freude muß es allerdings sein, das versteht sich. Denn die abgebrochene Schnaube der Kaffeekanne macht das gesamte vierundzwanzigteilige Service sofort wertlos, nicht nur für die Witwe, die es immer noch besitzt, sondern auch für die Enkelin, der es zugedacht ist. So mag das Verschenken bei Büchern oder Geschirr anfangen und sich bis zu wertvollem Schmuck erstrecken. Ein alter Mensch braucht keinen Schmuck aus Gold und Edelsteinen mehr, weil das Gesicht, in welches das Leben seine Runen gegraben hat, sein höchster und unübertrefflicher Schmuck ist. Alle mittelalterlichen Sterbehilfen empfehlen diese Übung des Wegschenkens als eine besonders wichtige Vorbereitung auf ein friedvolles Sterben.

Es bleibt schließlich all das, was man bei Lebzeiten nicht verschenken kann oder mag, weil man es selber noch braucht oder es aus Gründen der eigenen Lebenssicherung noch zurückhalten muß. Auch hiervon kann man sich jedoch beizeiten schon frei machen, indem man rechtzeitig sein Testament aufsetzt und so über sein ganzes Vermögen die notwendigen Bestimmungen trifft. Mit fünfundvierzig, spätestens mit fünfzig Jahren sollte dies geschehen sein: Daß man sich einmal in aller Ruhe hinsetzt und sich überlegt, wer nach dem Tod welche Güter und Gegenstände erben soll. Das Ergebnis dieser Überlegungen soll man dann sorgfältig von Hand niederschreiben (also nicht mit der Schreibmaschine), sowie Datum und Unterschrift dazusetzen, damit es auch rechtsgültig und vollziehbar wird. Im übrigen berät einen jeder Anwalt bei der Erstellung eines rechtsgültigen Testamentes. Auf keinen Fall aber soll man das für später aufschieben; es könnte ja sehr leicht auch plötzlich »zu

spät« sein! Ein Kirchenlied sagt: »Laß mich beizeit mein Haus bestellen« — und es hat ausgesprochen Recht mit dieser Bitte.
So jedenfalls, durch Entrümpeln, Wegwerfen, Verschenken und Testamentmachen werden wir frei von den Gütern und Gaben dieser Welt. So lernen wir es, herzugeben und loszulassen. Diese Übung ist entscheidend wichtig für das endgültige Hergeben und Loslassen in der Sterbestunde. So werden wir zu Menschen, die »haben, als hätten sie nicht« (vgl. 1 Kor 7,30).

* * *

Ein Wort aus dem Mund Johannes des Täufers soll uns hinüberführen zu einem zweiten Fragenkreis: »Jener muß wachsen, ich aber geringer werden«. (Joh 3,30).
Hier geht es nicht mehr darum, frei zu werden von den Gütern, sondern es geht darum, daß wir frei werden von uns selbst, von unserem eigenen Ich, das sich gerne so groß macht und sich für den Mittelpunkt der Welt hält.
Aber wir sind weder als einzelne noch als Menschheit der Mittelpunkt der Welt, sondern wir sind Staubkörner im Universum. Der Lauf der Welt funktioniert ohne uns genau so gut — und genau so schlecht.
Wir alle machen diese Erfahrung, wenn wir einmal vorübergehend krank sind. Dann geht es ja offensichtlich auch ohne uns. Auf einmal müssen wir uns vertreten lassen, wo wir gemeint haben, nur wir selbst könnten diese oder jene Aufgabe lösen und sonst keiner.

Wenn wir dann wiederkommen, sind die Aufgaben gelöst — ohne uns. Es ist ein Teil des Segens, den jede Krankheit neben ihren Übeln *auch* mit sich bringt, daß uns solche Erfahrungen zukommen. Wer diese Erfahrungen nicht flugs wieder verdrängt und sich mit vollen Segeln in die Wettkämpfe des Lebens um Macht, Einfluß, Prestige und Verantwortung stürzt, der lernt das Zusehen. Er lernt, daß er auf der Bühne des großen Welttheaters eine durchaus auswechselbare Figur ist, deren Rolle zu spielen auch andere in der Lage sind. Er wird dann mit der Zeit lernen können, diesem großen Welttheater auch einmal schlicht nur zuzusehen und denen Beifall zu klatschen, die eine Rolle spielen, die eigentlich seine eigene Rolle sein könnte. Er kann dabei das Lachen lernen über den tierischen Ernst, mit dem andere ihre Rolle spielen.

Es ist eine ganz wichtige Vorübung für ein friedvolles und erfülltes Sterben, wenn man bei Lebzeiten gelernt hat, sich vertreten zu lassen, und rechtzeitig aufhört, alles selber machen zu wollen. Zu einem derartigen Freiwerden von sich selbst gehört es zum Beispiel, daß man bewußt andere Menschen für ihre Leistungen lobt und ihnen Anerkennung ausspricht. Dazu gehört es ferner, daß man die jungen Menschen unbehelligt läßt und ihnen ihr Recht auf das eigene Leben zugesteht. Wir können sie ohnedies nicht so formen, wie wir das gerne haben wollten. Sie entwickeln sich so, wie Gott ihnen das eingestiftet hat. Sie müssen ihre eigenen Erfolge haben und ihre eigenen Fehler machen. Dazu gehört es schließlich, daß man es sich allen Ernstes abgewöhnt, sich ungefragt in die Angelegenheiten anderer Leute einzumischen, auch dann, wenn es sich um die nächsten Verwandten handelt. So selbstverständlich es ist, daß wir jedem, der uns fragt, aus unseren Erfahrungen mitteilen und ihn unser Urteil wissen lassen, wenn er darum bittet, so wenig sind wir doch zum Richter über andere gesetzt.

»Richtet nicht, damit ihr nicht gerichtet werdet«, heißt es in der Bergpredigt (Mt 7,1).

Wir sollen uns selber zwar ernst nehmen, aber nicht wichtig. Wenn wir gestorben sind, wird es mit Sicherheit ohne uns weitergehen. Solche Einsicht ist nicht Resignation, sondern Nüchternheit. Das biblische Buch des Predigers Salomo ist voll von dieser nüchternen Einsicht in die Realitäten.

Wer so lebt, der wird leicht sterben können.

* * *

Betreten wir jetzt einen dritten Kreis von Fragen und Aufgaben, die das rechte Leben betreffen!

Paulus sagt im ersten Brief an Timotheus (6,6): »Die Frömmigkeit bringt in der Tat reichen Gewinn, wenn man nur genügsam ist.« Hier geht es um die Einübung in die Tugend der Bescheidenheit. Was ist damit gemeint?

Wer ständig höher hinaus will; wer immer noch mehr begehrt; wer alles Gute immer noch besser und alles Schöne immer noch schöner verlangt, der wird auf Erden nie zufrieden sein und wird dementsprechend auch nicht in Frieden sterben können. Für den Unbescheidenen bleibt alles unerfüllt; keine Gegenwart ist ihm angesichts der stets erstrebten Zukunft überhaupt wert, gelebt zu werden. So geht dann das Leben vorüber und bleibt alle Erfüllung schuldig, die es doch geben könnte. Eine solche Haltung ist nicht nur unbescheiden, weil sie das nicht hinnehmen kann, was wirklich »beschieden«, zugeteilt ist, sie ist darüber hinaus auch undankbar.

Wer in Frieden sterben will, der muß sich beizeiten das Wort »aber« abgewöhnen — in seinem Sprechen und in seinem Denken, ebenso alle jene irrealen Bedingungssätze mit ihrem »hätte« und »wäre«. Das ist zuerst einmal eine Aufgabe nüchternen Rechnens und Wägens. Ich muß mich fragen: Was kann ich wirklich erreichen? Wieviel Zeit, wieviel Kraft habe ich, oder muß ich aufwenden? Bin ich bereit und in der Lage, diese Zeit und diese Kraft aufzuwenden für das, was ich erreichen will? — Was man als erreichbar festgestellt hat, das soll man auch mit Energie und Tatkraft verwirklichen. Man soll jedoch aufhören, um irgendwelcher Luftschlösser willen stets in das Morgen hineinzuleben.

Außerdem gilt es, bei vielen Dingen, die man eigentlich gerne erreichen möchte, sich zuerst die Frage zu stellen: Kommt mir das überhaupt zu? Schon mancher hat allein deswegen *nichts* erreicht, weil er nach dem Unerreichbaren strebte, seine Ziele zu weit hinausgesteckt hatte. So kann man vor lauter Jagd nach einer imaginären Zukunft das ganze Leben verspielen.

Und natürlich kann man auch nach einem solcherart verspielten und verschleuderten Leben den Tod nicht als Erfüllung empfangen. Man stirbt dann nicht, wie die Erzväter in der Heiligen Schrift, »alt und lebenssatt« (Gen 25,8). Denn man ist das ganze Leben lang hungrig geblieben.

Stattdessen gilt es, die Dankbarkeit zu üben, sie richtiggehend einzuüben.

Ich will gar nicht gleich mit der Dankbarkeit gegen Gott anfangen, dem Geber aller guten und vollkommenen Gabe. Das Üben fängt mit einer viel kleineren Dankbarkeit an. Dazu gehört es etwa, daß wir Gutes wirklich genießen und es nicht um etwas »Besseren« willen miesmachen. Genießen wir doch wirklich die Freude an einem Sonnentag, an einer Blüte, an dem Spiel unserer Kinder, an einem gelungenen Buch, an einem guten Gespräch! Niemand kann den vorübereilenden Augenblick festhalten. Darum gilt es, die Gegenwart auszuschöpfen und nicht, sie um der Zukunft willen achtlos vorüberziehen zu lassen.

Sodann aber muß man es lernen, auch etwas zu empfangen, entgegenzunehmen und sich dafür zu bedanken. Das gilt gerade auch dann, wenn einem etwas nicht gerne oder vielleicht gar mit einem mürrischen Gesicht gegeben wird. Ich weiß, es fällt schwer und man muß das üben wie die Cis-Dur-Tonleiter auf dem Klavier, daß man sich wirklich freundlich bedankt bei der Verkäuferin oder dem Kellner, die einem seine Portion hinknallen, als wäre man nur ein Hund. Oder daß man

sich bedankt für all das, worauf man genaugenommen durchaus ein Recht hat, zum Beispiel für die Weihnachtsgratifikation. Solche Dankbarkeit verändert von selbst nicht nur unsere eigene Einstellung zum Leben und macht uns bescheiden und aufgeschlossen für die Gegenwart, sie verändert auch die menschliche Atmosphäre um uns her; es wird alles viel freundlicher und erträglicher. Vor allen Dingen aber erleichtert die Übung des Dankens das Sterben. Denn wir haben uns dann angewöhnt, das, was das Leben wirklich bietet, mit Freude und Dank entgegenzunehmen. Von dieser Warte aus läßt sich das Leben an seinem Ende als erfüllt betrachten: es ist uns gegeben worden, wozu wir bereitet waren, und wir brauchen nicht mit einem Schicksal zu hadern, das uns eigentliches Leben angeblich vorenthalten hätte.
Kommt es aus solcher Dankbarkeit gegenüber den Inhalten des Lebens schließlich auch noch zur Dankbarkeit gegen Gott, um so besser. Denn dann wird der Dank nicht nur die Inhalte, sondern das Leben selbst betreffen. Wer dankt, der bekennt, etwas empfangen zu haben, was er selbst sich zu geben nicht in der Lage wäre. So aber verhält es sich mit unserem Leben: es ist uns gegeben worden, wir haben es nicht gemacht. Wenn wir nun sterben, so geht einfach Gottes Gabe wieder an ihn zurück. Das ist etwas anderes, als wenn es einfach verloren ginge.[4]
Vielleicht wird es bei Gott nur eine bemessene Zeit aufbewahrt, daß wir es neu empfangen — wer weiß?

Ein vierter Bereich von Gedanken soll unter dem Wort aus dem 90. (89.) Psalm stehen (V. 12): »Unsre Tage zu zählen, lehre uns, damit wir ein weises Herz gewinnen.« Hier geht es darum, daß wir den Gedanken an den Tod aus unserem Leben nicht verdrängen, sondern ihn in unser Leben bewußt mit hineinnehmen sollen. Denn wer an den Tod denkt und mit dem Tod lebt, den kann das Sterben nicht unversehens überraschen; er ist bereit zu jeder Stunde.
Die Frage, ob man einem Sterbenden die Wahrheit über seinen Zustand sagen darf oder nicht, wollen wir hier noch nicht behandeln. Aber soviel sei doch jetzt schon gesagt, daß die Beantwortung dieser Frage sehr stark davon abhängt, wie weit ein Mensch bei seinen Lebzeiten auf den Tod hin orientiert war. Wer den Gedanken an den Tod aus seinem Leben verdrängt hat, für den muß natürlich die Mitteilung seines unmittelbar bevorstehenden Todes eine schwere Erschütterung bedeuten, die für ihn sogar gefährlich werden kann.
Wer jedoch mit dem Gedanken an den Tod lebt, für den kann die schließlich letzte Wahrheit keine so tiefgreifende Erschütterung bedeuten. Er kann ihr standhalten.
Auch das Bedenken des Todes kann man lernen. Es gibt eine ganze Reihe von Übungen dazu.
Das fängt damit an, daß man den Friedhof nicht meidet, sondern ihn regelmäßig besucht. Jeder von uns hat auf den Friedhöfen irgendwelche Gräber von Angehörigen. Warum gehen wir daran meist das ganze Jahr

vorbei? Es geht nicht darum, daß wir einen Totenkult einrichten, zu dem uns der christliche Glaube keinerlei Recht gibt. Sondern es geht darum, daß wir selbst immer wieder den Ort aufsuchen, der mit größter Sicherheit auch unseren Leib einmal aufnehmen und bergen wird. Es kostet so wenig Zeit und ist doch so wichtig, daß wir bewußt an Gräbern stehenbleiben.
Die Totenbretter und die »Marterln«, die es in Bayern gibt, eröffnen eine zusätzliche Möglichkeit. Halten wir also inne und versuchen wir, die Inschriften zu entziffern!
Auch müssen wir immer wieder einmal an einer Beerdigung teilnehmen, sei es, weil wir gesellschaftlich verpflichtet sind, oder sei es, weil wir verwandt gewesen sind mit dem Verstorbenen. Tun wir das nicht als eine Pflicht der Höflichkeit, die man ungern erledigt, sondern zwingen wir uns dazu, an diesen Beerdigungen wirklich mit dem Herzen teilzunehmen! Dazu gehört es, daß man sich vorher ein paar ganz persönliche Worte überlegt, die über die bloße Konvention hinausgehen und die man den Angehörigen und Leidtragenden dann zuspricht, wenn man ihnen die Hand gibt. Ich weiß, wie schwer das ist. Ich weiß aber auch, wie wohl es denen tun kann, die am Grab eines von ihnen geliebten Menschen stehen, wenn ihnen von den Trauergästen mehr gesagt wird als nur das — meist kaum verständlich gemurmelte — »Beileid«. Ein paar Tage später soll man sich dann hinsetzen und den Angehörigen einen menschlichen, guten Brief schreiben.

Sodann ist es eine gute Übung, jeden persönlichen Brief so zu schreiben, als wäre es der Abschiedsbrief fürs Leben, und jeden Besuch so zu machen, als wäre es der letzte. Es könnte ja sein, daß es wirklich so ist. Joachim Ringelnatz hat das in einem Gedicht so ausgedrückt:

Spute dich, ehe das Postamt schließt!
Wenn auch ein Anziehn für nur zehn Minuten
und ein Pustegehtaus-Lauf verdrießt:
Minute spart Tage im Sputen.

Fertiggestellt und nicht abgeschickt —,
wem nützen halbe Sachen?
Freut man sich nicht nach Erwachen,
wenn man schon Antwort auf gestern erblickt?
Freut man sich, wenn die Uhr nicht mehr tickt?

Versäume nichts, wenn dich der Moment
mahnt. Irgendwer, der dich liebt und kennt,
stirbt vielleicht fern, während du niest.
Ahnt vielleicht, daß du ihn nicht liebst. —

Wenn du ihm jetzt schriebst,
ihm, den du nicht wiedersiehst —

spute dich, ehe das Postamt schließt.[5]

Endlich will auch das Lesen, recht geübt, als Mittel ernstgenommen werden, unsern Tod zu bedenken und uns darauf zu bereiten. Zu den Sachbüchern, der Zeitung und der Unterhaltungsliteratur gehören als notwendige Ergänzungen die Lebensbeschreibungen großer und kleiner Leute. Es gibt auch ein paar Bücher, die Sterbebeschreibungen oder eine Sammlung von »Letzten Worten«, von Vermächtnissen und Sterbeworten bekannter Persönlichkeiten aus allen Jahrhunderten enthalten. Ich kann mir kaum eine bessere, für unseren Zusammenhang hilfreichere Lektüre vorstellen als eine solche Sammlung.[6]

Lesen wir aber auch Gedichte! Lesen wir sie in uns hinein, und tragen wir sie so eine Zeitlang mit uns herum! In Gedichten ist Leben in großer Fülle wie mit einem Brennglas zusammengefaßt auf einen einzigen, wesentlichen Punkt — und sie verwehen doch ebensoschnell wie unser Leben verweht.

* * *

So also sollen wir unser Leben durchschreiten, daß wir dabei ganz bewußt unserem Ende entgegengehen. Tun wir das, so werden wir im Frieden sterben können.

Ein solches Leben ist keineswegs traurig und trüb, sondern es ist voll von gelöster Heiterkeit, Dankbarkeit und Freude.

Denn der Tod verliert seine Schrecken, wo man das Leben vom Tod her versteht und gestaltet. Er kann mir nicht mehr als Räuber begegnen, weil ich selbst längst gelernt habe, mich zu trennen von den Gütern und Gaben des Lebens. Er kann meine Größe nicht mehr in Frage stellen, weil ich selbst mich längst klein gemacht

habe. Er versagt mir nicht die Erfüllung, weil ich sie längst vielfältig besitze. Und er kann mich nicht überraschen, weil ich ihn längst erwartet habe.
Gerade so lebt es sich fröhlich und stirbt sich's in Frieden.

Das Recht auf den eigenen Tod

Noctem quietam et finem perfectum
concedat nobis Dominus omnipotens.[7]

In den letzten Jahrzehnten ist eine besondere Form von Todesangst entstanden, die man früher so nicht gekannt hat. Sie hängt mit den außerordentlichen Fortschritten der neuzeitlichen medizinischen Wissenschaft zusammen. Was in früheren Jahrhunderten und Jahrtausenden nie möglich war, das ist innerhalb eines einzigen Jahrhunderts möglich geworden. Man kann heute schwerkranke Menschen, die in früheren Zeiten unbedingt gestorben wären, entweder überhaupt retten oder doch zumindest sie noch lange am Leben erhalten. Es sind Fälle bekannt geworden, in denen Sterbende über mehrere Monate hinweg zwar ohne Bewußtsein, aber lebendig geblieben sind. Gar mancher war schon im bisherigen Sinn medizinisch tot und wurde doch wieder zum Leben erweckt, sei es durch Herzmassage auf dem Operationstisch, sei es durch besondere Medikamente.
Dieser staunenswerte Fortschritt der medizinischen Wissenschaft hat nun aber keineswegs auf alle Menschen erfreulich und beruhigend gewirkt.
Im Gegenteil!
Es gibt heute eine Angst vor dem Tod, die etwa so sagt: Wird man mich überhaupt in Ruhe und Frieden sterben

lassen? Wird man mich nicht zu einem Zeitpunkt, zu dem ich selbst willenlos geworden bin, noch sinnlos und lange weiterleiden lassen als eine Art Versuchskaninchen herzloser Medizinmänner? Wie könnte ich dem gegebenenfalls entgehen?

Mit dieser weitverbreiteten Todesangst verbindet sich eine zweite Frage.

Oft stehen Angehörige an einem Sterbebett, an dem die medizinische Wissenschaft alle ihre Künste aufwendet, und fragen sich, wozu die weitere Verlängerung des Lebens eigentlich noch dienen soll. Sie sehen den Sterbenden über Tage, vielleicht über Wochen hin kämpfen und leiden. Sie meinen dann, hier müßte doch einfach um der Barmherzigkeit willen ein Ende gemacht werden. Immer wieder werden in solchen Fällen die Ärzte dringend bestürmt, »gnädig ein Ende zu machen«. Diese aber weigern sich in aller Regel und berufen sich auf ihre heiligste Verpflichtung, unter allen Umständen das Leben zu erhalten, solange das möglich ist.

Man fragt sich manchmal verzweifelt: Muß denn das sein? So ist die Frage nach der »Euthanasie« — dem Gnadentod — neu akut geworden. Es ist in unserem Lande besonders schwer, über diese Frage vorurteilsfrei zu sprechen. Zu schwer ist unser Denken belastet mit der Erinnerung an die Greueltaten des NS-Staates bei der Ausrottung des angeblich »lebensunwerten Lebens«. Auch das nannte man ja »Euthanasie«. Aber durch diesen Mißbrauch ist die Frage offensichtlich noch nicht erledigt. Insbesondere die Ärzte auf den Krebsstationen der Krankenhäuser wissen ein Lied davon zu singen, wie oft das Ansinnen an sie gestellt wird, doch endlich »Schluß zu machen«.

Nicht ganz so eng verbunden mit diesen beiden Fragen, aber doch in ihrer unmittelbaren Nachbarschaft angesiedelt, stellt sich auch die Frage nach der Zulässigkeit des Selbstmordes neu. Gar mancher erfährt eines Tages, daß er unheilbar krank ist, vielleicht einem schweren und zunehmend unerträglicher werdenden Leiden entgegengeht, Schmerzen und Qualen vor sich hat und ihm Monate des Dahinsiechens bevorstehen. Der eine fürchtet sich maßlos vor dieser Zukunft, und der andere sagt sich, daß er diese Qualen und Leiden seinen Angehörigen und seiner Umgebung nicht zumuten möchte. Beide aber kommen dann zu der Frage, ob sie nicht besser von eigener Hand ihrem Leben ein Ende setzen sollten.

In der Tat: Wäre es denn nicht wirklich menschlicher, ehrenhafter, anständiger und letzten Endes auch frömmer, in einem solchen Fall den »letzten Weg freiwillig und zu Fuß zu gehen«[8]? Es gibt in der Literatur nicht gerade wenig Beispiele solch ehrenhaften »Freitodes« angesichts der durch unheilbare Krankheit ausweglosen Situation. Diese Beispiele haben längst ansteckend gewirkt, und der Freitod wird tatsächlich immer wieder gesucht und gefunden, wo ärztliche Kunst ihre Kapitulation erklären mußte.

Haben wir es hier vielleicht doch mit einem Fortschritt unserer Ethik und Sittlichkeit zu tun, der ernstzunehmen ist?

Die hier angerissenen Fragen lassen sich zusammenfassen in dem Schlagwort vom »Recht auf den eigenen Tod«. Hierüber und über das Sterben unter den Bedingungen der neuzeitlichen medizinischen Wissenschaft samt den daraus sich ergebenden Fragen soll in diesem Kapitel die Rede sein.

* * *

Seit im fünften Jahrhundert der heilige Benedikt von Nursia das klösterliche Stundengebet neu geordnet hat[9], beginnt das tägliche Nachtgebet der Kirche und der christlichen Gemeinschaften mit der Bitte: »Eine ruhige Nacht und ein vollkommenes Ende verleihe uns der allmächtige Gott.« — Nun, die Bitte um Nachtruhe ist leicht zu verstehen. Aber was ist mit dem »vollkommenen Ende« gemeint?

In dieser Redewendung spricht sich die uralte Erfahrung aus, daß ein bewußt erlebtes Sterben und ein mit wachen Sinnen erfahrener Tod im wahrsten Sinn des Wortes »Vollendung« des Lebens bedeuten kann. Wir werden erst im nächsten Kapitel von dem sprechen können, was ein Sterbender alles erlebt. Aber jetzt schon muß wenigstens dies gesagt werden, daß der Sterbende im Erleben des Todesgeschehens die wirkliche Vollendung seines Lebens erfahren kann. Die Todesstunde kann für ihn zu einer Stunde letzter Klarheit, höchsten Wissens und tiefsten Friedens werden. Da schließen sich alle Kreise, da kommt alles zu seinem natürlichen Ende,

da findet alles sein Ziel und kommt zu einer endgültigen, friedvollen Ruhe: Die Akten werden geschlossen, alle Fragen sind beantwortet, alle Rätsel gelöst. Nichts muß mehr getan werden; alles ist geschehen. Keine Forderung ist mehr da, sondern nur noch Erfüllung. Befreit von allem, was belastet, kann man tief aufatmen und mit dem Atem sein Leben aus sich entlassen. Alle Dunkelheiten münden ins Licht.
So wird das Sterben als Befreiung und der Tod als Vollender erfahren. Das ist ein ganz großes Geschehen, vor dem man nur ehrfürchtig und schweigend verharren kann.
Dies muß vorerst genügen. Es sollte aber klar geworden sein, daß man um dieses große und tiefe Geschehen niemand betrügen darf. Wenn der Tod solche Möglichkeiten der Vollendung, der Erkenntnis, der Weisheit, des Friedens und der Versöhnung in sich birgt, dann betrügt man einen Menschen um eines der wertvollsten und kostbarsten Dinge seines Lebens, wenn man ihn diesen Tod, dieses Sterbegeschehen nicht erfahren läßt.
Selbstverständlich fällt solche abschließende und vollendende Todeserfahrung nicht jedem wie ein Geschenk in den Schoß. Viele müssen in den Stunden ihres Sterbens noch ein ziemlich schweres Stück Arbeit leisten, bis sie das erreichen können. Diese Mühe kann man niemandem abnehmen, dafür gibt es keine Stellvertretung. Aber nichtsdestoweniger bedeutet es Raub und Diebstahl, jemandem von vorneherein die Möglichkeit zu

nehmen, eine letzte Erfüllung seines Lebens wirklich zu erfahren und so versöhnt und in Frieden sterben zu können.
So wie jedermann das Recht auf Leben hat, so gibt es ein unveräußerliches Recht auf den eigenen Tod. Leider ist dieses allgemeine Menschenrecht in keinem Gesetz wirklich niedergelegt. Man muß es sich manchmal förmlich erobern.
Daß ich hier keine Phantasien ausbreite, weiß jeder, der schon Menschen unter normalen Bedingungen hat sterben sehen. Und mancher wird aus persönlicher Erfahrung bestätigen können, daß selbst für Angehörige und Freunde der Tod als Erfüllung manchmal erlebbar wird. Das gibt es also wirklich, und ist kein Hirngespinst. Ja, es sollte das Normale sein.
Es ist deshalb nicht mehr das Normale, weil allzuhäufig entweder die Lüge oder aber eine materialistisch gewordene medizinische Biologie dazwischenpfuscht. Oft hilft auch beides zusammen.

* * *

Ein Beispiel soll uns helfen, den richtigen Weg zu finden.
Der alte Bäckermeister in meiner früheren Pfarrei war schon längere Zeit bettlägerig gewesen. Es stand so mit ihm, daß er alle drei Tage eine Spritze bekommen mußte, um überhaupt weiterzuleben. Er wußte das ganz genau. Eines Tages, als der Arzt wieder einmal kam,

um ihm die regelmäßige Spritze zu geben, sagte er während der Vorbereitung ebenso freundlich wie bestimmt: »Geh, Willi, laß die Pfuscherei!«
Darauf der Arzt, etwas erstaunt, aber keineswegs böse: »Wenn du es so haben willst, dann lassen wir es.« Und als der Kranke bestätigend nickte, leerte er die schon aufgezogene Spritze in den Blumentopf und verabschiedete sich von seinem Patienten mit einem freundlichen »Machs gut!«
Der alte Bäckermeister schickte nach dem Pfarrer. Er beichtete und empfing das Sakrament. Nacheinander rief er Kinder und Enkel zu sich und gab ihnen Abschiedsworte, Anweisungen und gute Wünsche. Er regelte alles für sein eigenes Begräbnis. Die letzten Tage verbrachte er mit seinem abgegriffenen Gebetbuch. Am Sonntag darauf starb er gerade beim Abendläuten als friedlich Vollendeter.
Was lehrt uns dieses Beispiel?
Es lehrt uns einmal, daß der Tod als Vollendung ein Leben in Wahrheit zur Voraussetzung hat. Nur wer die Wahrheit über seinen Zustand weiß, kann auch verantwortlich darüber entscheiden, wann er sterben will. Er muß die Verantwortung darüber weder dem Arzt noch den Angehörigen aufbürden, die sie beide nicht tragen können. Er verantwortet, was er allein verantworten kann, darf und soll. Wer aber den Todkranken über seine wahre Lage belügt und hinwegtäuscht, der nimmt ihm damit zugleich die Möglichkeit einer verantwortlichen eigenen Entscheidung.

In diesem Zusammenhang muß wohl einmal klar gesagt werden, daß der Arzt nicht nur verpflichtet ist, unter allen Umständen dem Leben zu dienen. Er ist gleicherweise verpflichtet, den Patienten über seine Krankheit voll aufzuklären, ihm die Möglichkeiten der Behandlung zu zeigen und mögliche Folgen solcher Behandlung zu nennen. Ich sage das deshalb so deutlich, weil in unseren neuzeitlichen Gesundheitsfabriken die merkwürdige Gepflogenheit herrscht, jeden Patienten vom Augenblick seiner Einlieferung an total zu entmündigen; man behandelt ihn wie ein Kind, das zu dumm ist, um in eigenen Angelegenheiten mitzureden. So wird der Patient zum Objekt degradiert, das keinen eigenen Willen haben darf und über das andere zu bestimmen haben.

Ich sage mit aller Schärfe: Wer Menschen zu Objekten macht, der versündigt sich. Der Mensch ist mehr als bloß Leib, und der Patient ist mehr als ein funktionsgestörter Körper.

Es mag sinnvoll und vertretbar sein, einen Kranken, der sich über seine wahre Lage täuscht, in solcher Täuschung eine Zeitlang zu belassen, solange noch begründete Hoffnung auf Rettung besteht und man befürchten muß, die ganze Wahrheit könne zum tödlichen Schock werden. Es ist aber unmenschlich und verantwortungslos, einen Todeskandidaten auch dann noch zu belügen, wenn er durch seine Fragen zu erkennen gibt, daß er selbst schon mit dem Gedanken des Sterbens sich auseinanderzusetzen begonnen hat und lediglich eine Bestätigung seiner Vermutungen haben will. In Fragen letzter existentieller Bedeutung und Schwere hat jeder Mensch das Recht, auf seine Fragen wahrheitsgemäß Antwort zu bekommen.

Sodann können wir aus unserem Beispiel lernen, daß jeder Kranke, insbesondere aber jeder Todkranke, das unabdingbare Recht hat, eine weitere Behandlung zu verweigern. Kein Arzt darf einen Patienten gegen dessen ausdrücklichen Willen behandeln.

Dabei gibt es selbstverständlich eine ganze Reihe von Abstufungen. Es geht gar nicht immer und ausschließlich um die Frage, ob ich überhaupt noch irgendeine ärztliche Behandlung haben will oder nicht. In der Regel geht es vielmehr um die Frage, *welche Art* von Behandlung ich weiterhin wünsche und welche ich mir gleichzeitig verbitte. So verträgt sich beispielsweise der Wunsch, vor schweren Schmerzen durch entsprechende Medikamente geschützt zu werden meist recht gut mit dem Ersuchen, das Leben nicht gewaltsam zu verlängern. Den Arzt möchte ich sehen, der einem derartigen klar ausgesprochenen Wunsch des Patienten nicht zustimmend nachkäme.

Es ist aber ganz wesentlich, daß allein der Patient das Recht hat, solche Wünsche auszusprechen. Es steht keinem Angehörigen zu, eine Verkürzung des dahinflakkernden Lebens vom Arzt zu verlangen. Und es hat kein Arzt das Recht, von sich aus das Leben eines Patienten zu verkürzen. Das Gebot »Du sollst nicht töten« bindet uns alle und duldet keine Ausnahmen. Aber jedermann hat das Recht zu sterben, wenn die Zeit dazu gekommen ist.

Es bleibt dabei: Wir sagen ein klares und entschiedenes Nein zur Euthanasie. Wir sagen aber ein ebenso klares und entschiedenes Nein zur Lüge.

Es ist selbstverständlich, daß wir zugleich ein klares und entschiedenes Ja zu jeder schmerzlindernden Hilfe sagen. Denn Schmerzen sind immer auch Anfechtungen und Versuchungen. Gott will aber nicht, daß wir in Anfechtungen und Versuchungen zu Fall kommen. Darum dürfen, sollen und müssen wir einander vor Schmerzen bewahren, soweit immer das möglich ist. Dabei — das sei am Rande doch noch gesagt — sollte man sich aber auch vor Täuschungen hüten. Nicht alles, was die umstehenden Angehörigen für ein schlimmes Schmerzerdulden ansehen, ist das auch in Wirklichkeit. Wie weit ein Patient wirklich leidet, kann in der Regel nur der Arzt beurteilen. Gar manches, was wie ein fürchterlicher Kampf und wie unerträgliche Schmerzen aussieht, ist in Wirklichkeit nur reflexartiges Zucken und Krümmen eines Körpers, der das Bewußtsein und damit die Schmerzempfindung längst verloren hat.

Was uns am Beispiel des alten Bäckermeisters schließlich nochmals besonders deutlich werden kann, ist der enge Zusammenhang zwischen Leben und Sterben, von dem im ersten Kapitel die Rede war. Nur wer im Angesicht der letzten Wahrheit gelebt hat, der kann dem Tod so ruhig entgegensehen. Nur der ist dann auch in der Lage, bewußt eine verantwortliche eigene Entscheidung zu fällen und dem Arzt zu sagen, wann er mit seinen Bemühungen um die Verlängerung des Lebens aufhören darf.

* * *

Ganz deutlich sei gesagt, daß jemand, der im Angesicht des Todes eine weitere Behandlung ablehnt, kein Selbstmörder ist. Dies zu behaupten, wäre absurd.
Davon unabhängig ist aber nun die Frage, ob es nicht vielleicht doch weitere Fälle gibt, in denen es zulässig, geboten oder wenigstens naheliegend ist, den letzten Weg »freiwillig und zu Fuß« zu gehen. Schließt das Recht auf den eigenen Tod nicht das Recht ein, unter bestimmten Bedingungen sich selbst den Tod zu geben?
Da in der Bibel zwei vollendete und ein versuchter Selbstmord vorkommen, wird es gut sein, hier zunächst einfach die heilige Schrift zu befragen.
Judas Iskariot, der Verräter Jesu, der sich selbst erhängte, ist allen bekannt. Sein Selbstmord erscheint als das notwendige Ende eines gottlosen Lebens, das in der Absage an den Christus Gottes gipfelt. »Er war ein Dieb und hatte den Beutel und nahm an sich, was gegeben wurde« (vgl. Joh 12,6). Er wird vom zelotischen Eiferer über den Räuber zum Verräter und schließlich zum Selbstmörder. So jedenfalls zeichnet ihn das Neue Testament. Auch wenn es sich mit dem wirklichen Judas Iskariot etwas anders verhalten haben sollte (die Frage gehört nicht hierher), so bleibt doch jedenfalls das Zeug-

nis der Schrift hier eindeutig: Der Selbstmord des Verbrechers, der sich der verdienten Strafe entziehen möchte, braucht keinen Kommentar. Hierüber ist kein weiteres Wort zu verlieren.

Genausowenig bedarf es allerdings vieler Worte, wenn ein Mensch, der nicht Herr seiner Sinne, der psychisch schwer krank ist, in seiner Verwirrung Hand an sich selbst legt. Wer eines verantwortlichen Handelns nicht fähig ist, der kann und darf für seine Handlungen auch nicht verantwortlich gemacht werden. Da haben einfach die Mächte der Tiefe über einen Menschen die Oberhand gewonnen; wir dürfen ihn aufgehoben wissen in der alles umfassenden Barmherzigkeit Gottes, der in Jesus Christus die Mächte der Tiefe überwunden und besiegt hat.

Das Alte Testament erzählt vom Propheten Elija und seinem Selbstmordversuch. In seinem Heimatland wurde er von den staatlichen Behörden rücksichtslos verfolgt. So flieht er in die Wüste und legt sich dort unter einen Wacholderstrauch, um planmäßig zu verhungern und zu verdursten (1 Kön 19). Für ihn ist alles verloren, das Leben hat für ihn keinen Sinn mehr: »Es ist genug; so nimm nun, Herr, mein Leben von mir; ich bin nicht besser als meine Väter.« Aus seinem Selbstmordversuch wird aber nichts. Wo er nur noch das Ende aller Möglichkeiten sieht, macht Gott mit ihm einen neuen Anfang: »Stehe auf, iß und trink, denn du hast einen weiten Weg vor dir.«

Wo wir meinen, es habe alles keinen Sinn mehr, da eröffnet Gott neue Möglichkeiten. Das sagt diese Erzählung.

Dies würde bedeuten, daß weder die Verfolgung durch einen weltanschaulich totalitären Staat, noch auch die Verzweiflung an der Frage nach dem Sinn des Lebens irgend jemandem das Recht zum Freitod gibt. Und doch wollen wir, wenigstens in Beziehung auf das erstere, hier etwas behutsamer mit unserem Urteil sein. Elija wäre von seinen Verfolgern kurzerhand gehenkt worden. Die modernen weltanschaulich totalitären Staaten jedoch unterwerfen ihre Andersgläubigen — und das sind seit einigen Jahrzehnten in zunehmendem Maße gerade auch die Christen — raffiniertesten Foltermethoden. Die Angst, unter solchen Folterungen zusammenzubrechen und schuldig zu werden, ist leider sehr berechtigt, vor allen Dingen deshalb, weil man ja auch schuldig werden kann an anderen, indem man sie unter den Qualen verrät und sie so ebenfalls preisgibt. Da ist es dann schon die Frage, ob man lieber schuldig werden oder das Leben hingeben sollte. Bereits Schiller hat den Satz geprägt: »Das Leben ist der Güter höchstes nicht, der Übel größtes ist die Schuld«. So wird man schon fragen dürfen, ob in solchen Fällen der Tod von eigener Hand noch Selbstmord oder nicht vielmehr schon Opfertod sei zugunsten der Freunde. Dann nämlich gälte das Wort aus dem Johannesevangelium: »Es gibt keine größere Liebe als die, wenn einer sein Leben gibt für seine Freunde«. (Joh 15,13).

Jochen Klepper, sicher ein unter vielen Kämpfen doch

gläubiger Christ und Dichter manches Kirchenliedes, hat unter der Judenverfolgung des NS-Staates den Freitod mit seiner Familie vorgezogen, um nicht zum Verräter an seiner Familie, an Frau und Kindern werden zu müssen. Das sollte bedacht werden und die Schnelle unseres Urteils etwas bremsen. Es gibt da Grenzen zwischen Selbstmord und Selbsthingabe, die nicht immer klar zu erkennen sind.

Auch bei König Saul, dem dritten biblischen Fall, werden ineinander verfließende Grenzen sichtbar. Saul hat sich nach verlorener Schlacht in sein Schwert gestürzt, um nicht den Feinden in die Hände zu fallen (1 Sam 31,4). Die Geschichte erinnert etwas an jene Kapitäne, die mit ihren sinkenden Schiffen untergehen, oder an japanische Offiziere, die nach kriegerischen Fehlschlägen Harakiri machen. Man darf aber die Erzählung von König Saul nicht als eine kriegerische Heldengeschichte lesen. Vielmehr zeichnet die Bibel König Saul als denjenigen, der wegen seines Ungehorsams von Gott verworfen ist und deshalb konsequent dem Ende eines Verworfenen entgegengeht (1 Sam 15,23 und alles folgende). Man darf also König Saul nicht zu direkt als Vorbild für gescheiterte Soldaten verwenden. Aber auch hier sind die Grenzen fließend. Denn es ist ein anderer Fall, wenn etwa ein Offizier um so viele Geheimnisse weiß, daß er befürchten muß, in Gefangenschaft (und nun wieder durch Folterung) solche Geheimnisse preiszugeben und damit das Leben von hunderten seiner Kameraden zu gefährden. Gibt er in solcher Lage sich selbst den Tod, so ist das wieder kein Selbstmord, sondern ein Opfer für andere. Es steht unter anderen Gesetzen.

Es bleibt eine letzte Frage: Darf man sich selbst den Tod geben, wenn man um sein eigenes unheilbares Leiden weiß, um so seinen Angehörigen und seiner Umgebung den Schmerz eines langen Abschiednehmens, die Plage einer vielleicht lang andauernden Krankenpflege zu ersparen? Darf man es vielleicht tun, weil man den kommenden Schmerzen und Leiden sich nicht gewachsen fühlt?
Ich meine, daß es auch hier fließende Grenzen gibt, die unserem Urteil Zurückhaltung aufnötigen. Die heilige Schrift sagt uns, daß wir die Leiden, die auf uns gelegt werden, tragen und hinnehmen sollen; das gilt für unsere eigenen Leiden und für die Leiden anderer, an denen wir mitzuleiden haben. Gerade weil die heutige medizinische Wissenschaft in sehr vielen Fällen in der Lage ist, einen vor den schlimmsten Schmerzen und den schwersten Leiden zu schützen, soll und darf man wohl die Leiden nicht fliehen. In der Regel ist dafür gesorgt, daß sie nicht ins Unerträgliche wachsen.
In den wenigen Fällen, wo auch heute noch alle ärztliche Kunst umsonst ist und wirklich exzessive Schmerzen herrschen, wird es uns wohl anstehen, daß wir uns auch dann die Hand auf den Mund legen, wenn wir meinen, »Selbstmord« rufen zu müssen. Aber so etwas ist ohnedies sehr selten.

An unseren Leiden sollen ja nicht nur wir selbst schließlich wachsen und dem Tod entgegenreifen, sondern auch unsere Angehörigen und Freunde sollen durch unsere Leiden reifer werden. Dürfen wir sie um den Reifungsprozeß betrügen, den das Ertragen fremder Leiden und das Pflegen eines kranken Angehörigen mit sich bringt? Dürfen wir selbst unsere letzte Reife verhindern?

Ich meine, wir dürfen das nicht. Die Erfahrung zeigt jedenfalls, daß die dem Tod vorausgehenden Leiden zum Tod gehören, weil sie ihn vorbereiten. Gerade das durchkämpfte und durchlittene Leiden hilft sehr wesentlich mit dazu, daß der Tod als wirkliche Vollendung erlebt und erfahren werden kann.

Wir haben nicht nur ein Recht auf unseren eigenen Tod, sondern — eng damit verbunden — auch ein Recht auf unsere eigenen Leiden; ein Recht darauf, daß wir für unseren Tod richtig bereitet werden. Dem darf man sich nicht entziehen.

Was erlebt der Sterbende?

Una ex iis tua erit.[10]

In diesem Kapitel soll dargelegt werden, was ein Sterbender selbst erlebt. Es ist also hier besonders von dem die Rede, was unbekannt geworden ist und was wir doch alle einst zu erwarten haben. Seitdem man in der Regel nicht mehr zu Hause, sondern in der Klinik stirbt, und seit die äußeren Bedingungen des Sterbens sich so verwandelt haben, ist dieses allgemeine Wissen verlorengegangen. Gleichzeitig ist die Todesangst gewachsen. Es weiß ja niemand mehr, was da nun eigentlich auf einen zukommt, was es zu durchkämpfen, zu durchleiden, zu erleben gibt. Was Wunder also, wenn die Furcht vor dem weithin so Unbekannten groß ist.
Wenn ich diese Dinge hier ausbreite, so tue ich das nicht, um irgendwelche Neugier zu befriedigen. Es gibt hier keine Sensationen. Früher hat das fast jedermann gewußt. Die folgenden Schilderungen geschehen aus einem doppelten Grund: Einmal, daß wir die große Furcht etwas verlieren und also ein bißchen gefaßter, getroster und stärker unserm Ende entgegengehen können — weil wir ja wissen, was auf uns zukommt — und so die Fremdheit, die so viel Furcht einflößt, überwunden werden kann. Sodann aber erzähle ich das alles, weil man

wissen muß, was ein Sterbender erlebt, wenn man ihm einigermaßen menschlich beim Sterben helfen will.
Einsam sterben zu müssen ist schrecklich und unmenschlich. Deshalb zählte Sterbehilfe stets zu den Werken der christlichen Barmherzigkeit. Der Sterbende braucht menschliche Hilfe bei seinem schweren letzten Weg und bei dieser anstrengenden Arbeit der Todesbewältigung. Darum sollen wir auch einander beim Sterben helfen. Wer helfen will, muß aber wissen, wie es gemacht wird. Dies also sind die beiden Gründe, aus denen ich es für richtig halte, darzulegen, was ein Sterbender in seinen letzten Stunden erlebt.

Allem anderen voraus sei ganz klar gesagt, daß ein normaler Tod sich nicht in einem einzigen Augenblick vollzieht, sondern daß Sterben ein Vorgang, ein Prozeß ist, der seine Zeit braucht. Sicher dauert dieser Prozeß manchmal länger, manchmal kürzer. Es gibt auch den »Sekundentod« (wo dann auch niemand mehr etwas helfen kann). Aber die Zeitspanne, die man mit der Uhr abmessen kann, ist ziemlich bedeutungslos. Das gesamte Todeserleben hat in wenigen Minuten ebenso Platz wie in vielen Stunden; für den Sterbenden wird nämlich die Zeit bedeutungslos und unerlebbar.
Es ist also in der Regel nicht ein Augenblick, sondern eine Zeitspanne, in der man stirbt; man möchte sagen: es muß eine Reise getan, eine Wegstrecke gegangen werden.
Nun hat es jeder Weg an sich, daß er nicht irgendwo im

Nichts anfängt, sondern daß andere Wege zu ihm hinführen oder daß er sich langsam aus dem weglosen Gelände herausprägt. Wir haben schon gesagt, daß der Lebensweg mit recht fließenden Übergängen in den Todesweg hinüberführt. Trotzdem gibt es dann doch irgendwann einmal den Punkt, wo man sich eindeutig auf dem Todesweg befindet, obwohl man nicht genau feststellen kann, wo nun eigentlich der Lebensweg in den Todesweg umgeschlagen ist.
Daß auch der Tod nicht reiner Abschluß ist, sondern seinerseits nur Übergang und Voraussetzung für Wege, die weiterführen, davon wird im nächsten Kapitel zu sprechen sein. Hier jedoch reden wir von jener Wegstrecke, die ein eindeutiges Gefälle auf den Tod hin hat, und verfolgen diese Wegstrecke bis zu dem Punkt, wo für unsere menschlichen Augen das Leben klar endet. Nach meiner Erfahrung und der Erfahrung anderer lassen sich bei dieser Wegstrecke, deutlich ausgeprägt, zweimal fünf Phasen unterscheiden. Im ersten Abschnitt mit seinen fünf Phasen geht es um die *Annahme* des eigenen Todes. Im zweiten Abschnitt geht es, ebenfalls über fünf Phasen, um den *Vollzug* des Sterbens. Wir betrachten das nacheinander.

* * *

Erste Phase: Die Erkenntnis sterben zu müssen — *jetzt* sterben zu müssen —, bedeutet für jeden Menschen einen mehr oder weniger starken Schock. Immer ist es ein tiefgreifendes Erschrecken, weil diese Erkenntnis ja wirklich alles radikal in Frage stellt. Der Kranke verliert die Farbe. Sein Atem geht schwer. Das Herz schlägt stark und unregelmäßig. Mancher zittert wie ein Baum im Wind. Selbst dort, wo nach einer langen, schweren, schmerzhaften Krankheit oder in sehr hohem Alter der Tod längst erwartet oder herbeigesehnt worden ist, bedeutet die Einsicht, daß es jetzt zu sterben gilt, immer ein derartiges tiefgehendes Erschrecken.

Auch wir werden einmal zutiefst erschrecken, wenn wir erkennen müssen, daß jetzt unsere Stunde naht.

Weil aber die Erkenntnis dieser Wahrheit einen solch tiefgehenden Schock und ein so großes Erschrecken mit sich bringt, darum ist es unerhört wichtig, daß solche Wahrheit nicht schroff, nicht in sachlicher Kälte oder gar im Zorn ausgesprochen, sondern daß diese Wahrheit einem Menschen in Liebe, in Wärme und Zuneigung behutsam eingesagt wird. Es ist menschlich, christlich und barmherzig, für eine solche Mitteilung nach Möglichkeit einen geeigneten Zeitpunkt abzuwarten, einen Moment, in dem der Kranke nicht gerade besonders schwach oder geplagt ist. Kann man schon im Leben nicht zu jeder Zeit alles sagen, wieviel weniger darf man die Todesnachricht einem Menschen zu beliebiger Stunde zukommen lassen. Darum soll man den richtigen Zeitpunkt für solche Mitteilung mit dem Arzt und mit dem Seelsorger vorher besprechen. Es könnte ja sein, daß der Schock zu einem ganz plötzlichen Sterben führt. Das soll aber nicht sein.

Die zweite Phase ist meistens gekennzeichnet durch leidenschaftlichen Widerspruch und durch heftige Auflehnung des Sterbenden gegen sein Todesschicksal. Das kann sich über Stunden, Tage und Wochen hinziehen. Hier wehrt sich der Mensch mit allen seinen Kräften gegen das Sterben. Er will es nicht wahrhaben.

Das kann so aussehen, daß er seine Angehörigen und Pfleger als Lügner, als grausam, als unmenschlich, als Quälgeister und wer weiß was alles offen beschimpft. Er wird vielleicht unleidlich und macht allen anderen das Leben schwer. Mancher wird ausgesprochen böse und ekelhaft. In diesem Verhalten spiegelt sich aber nur das Aufbieten aller verfügbaren Kräfte.

In diesem Zustand braucht der Kranke viel verstehende, einfühlende Liebe und eine unendliche Geduld. Man muß es hinnehmen, daß er so ist. Man darf ihn dafür nicht mehr verantwortlich machen. Denn der Tod ist und bleibt nun einmal der »letzte Feind« (1 Kor 15,26). Und gegen Feinde kämpft man schon von Natur aus.

Es darf nicht übersehen werden, daß gelegentlich einmal aus solchem leidenschaftlichen Kampf und derartiger heftigen Abwehr neue Lebenskräfte gekommen sind. Weil in diesem Kampf die allerletzten Reserven mobilisiert werden, kann es schon einmal dazu kommen, daß schließlich doch noch einmal das Leben die Oberhand gewinnt, daß es zu einer wirklichen Rückkehr ins Leben bis hin zur völligen Gesundung kommt. König Hiskija ist das bekannteste biblische Beispiel dafür. Hiskija war todkrank. Jesaja, der Prophet, kam zu ihm mit der Botschaft: Bestelle dein Haus, denn du wirst sterben und nicht lebendig bleiben. Hiskija aber wandte sich um zur Wand und begann einen leidenschaftlichen Gebetskampf um sein Leben. Da mußte Jesaja ein zweites Mal zu ihm gehen und hatte den Auftrag zu sagen: Siehe, spricht der Herr, ich will deinen Tagen noch fünfzehn Jahre zulegen. Hiskija wurde gesund. (Jes 38). Wie gesagt, so etwas *kann* gelegentlich einmal geschehen, aber es ist natürlich keineswegs die Regel. Der Todesweg hat hier schon eindeutiges, steiles Gefälle zum Sterben hin, aber es ist der Punkt, von dem aus unter Umständen eine Rückkehr noch möglich sein kann.

Auch dies sollte man übrigens im Zusammenhang mit der Frage nach der Wahrheit am Sterbebett einmal bedenken: Ob man nicht manchem Menschen die Gelegenheit nimmt, doch noch ins Leben zurückzukehren, indem man ihn belügt und ihn dadurch *nicht* dazu bringt, seine allerletzten Reserven noch zu mobilisieren. Aber davon brauchen wir jetzt nicht mehr zu reden.

Der Protest gegen den Tod und die leidenschaftliche Abwehr aber gehören zur persönlichen Todesbewältigung.

Weil die Wahrheit befreit und weil Protest und Abwehr die letzten Lebenskräfte mobilisieren, darum geht es dem Sterbenden meistens vorübergehend wieder etwas besser. So ist die dritte Phase, die oft mehrmals in die zweite zurückschlägt, gerne gekennzeichnet durch mehr oder weniger große Selbsttäuschungen, denen sich der

Sterbende hingibt. Es ist dies die Phase des Optimismus. Mancher wird in diesem Abschnitt geradezu humorvoll. Er scherzt mit seiner Umgebung oder macht Witze über sich und andere. So versucht er, Beweise zu geben, wie gut es ihm doch geht. Einer äußert den Wunsch nach einer guten Mahlzeit oder einem starken Getränk, ein anderer möchte schöne Musik und ein dritter will irgendwelche schönen oder erfreulichen Dinge, die er genaugenommen weder körperlich noch seelisch mehr verkraften kann. So versucht der Sterbende, sich selbst und seiner Umgebung etwas vorzumachen, sich über die bittere Wahrheit und Wirklichkeit hinwegzuschwindeln.

Aber solcher Humor ist natürlich Galgenhumor, und derartige Mahlzeiten sind Henkersmahlzeiten. Im tiefsten Grund seines Herzens weiß das der Sterbende auch ganz genau, und aus manchen Bemerkungen, die er macht, kann man schließen, daß er selbst an sein Theater auch nicht mit ganzer Seele glaubt. Nicht umsonst fällt er entweder immer wieder in die Auflehnung der zweiten Phase zurück, oder es kündigt sich schon die vierte Phase der Resignation an. Darum darf man sich von diesem Theater nicht täuschen lassen und darf es nicht voll und ganz mitspielen. So sehr man erfüllbare Wünsche verwirklichen wird, so sehr muß man trotzdem den Sterbenden behutsam und liebevoll bei der Wahrheit lassen. Meist dauert diese Phase der Selbsttäuschung auch nur relativ kurze Zeit. Sie weicht meistens sehr schnell der Resignation.

In dieser vierten Phase gewinnt nun die Trauer des Abschiednehmens, der Weltschmerz und die Todesangst die Oberhand. Der Sterbende verlangt oft danach, daß man ihm lange die Hand hält und möglichst immer bei ihm ist. Er fürchtet sich vor dem Alleinsein. Erinnerungen steigen auf an die schönen Stunden des Lebens, an glückliche Zeiten, an die entschwundene Vergangenheit, an Erfüllung und Freude. Von all dem wird nun Abschied genommen, und es ist so, wie wenn im Schlußsatz einer großen Symphonie alle wesentlichen Themen des ganzen Werkes noch einmal aufklingen.
Man muß dem Sterbenden dazu Zeit lassen, muß auf ihn eingehen und mit ihm über die Vergangenheit sprechen; man darf ihn auch an das eine oder andere erinnern, was schön war in seinem Leben.
Beginnt der Sterbende hier zu weinen, so muß man ihn unbedingt weinen lassen. Das gehört zum Abschiednehmen und soll nicht unterdrückt werden. Wohl dem Sterbenden, der weinen kann! Noch besser, wenn mit der Trauer darüber, daß dies alles nun vergehen und enden soll, die Dankbarkeit dafür verbunden werden kann, daß man das alles hat empfangen und erleben dürfen.
Erst an dieser Stelle kann man auch behutsam anfangen, mit dem Sterbenden von *Gott* zu sprechen und über ihm, ja mit ihm zu beten. Vorher besteht dazu oft noch keine Bereitschaft und weckt eher Abwehr. Der Sterbende, der Abschied nimmt, traurig ist, weint, Erinnerungen aufsteigen läßt, dankt oder gar betet, der gibt damit zu erkennen, daß er jetzt anfängt, mit dem

Gedanken an seinen Tod sich wirklich vertraut zu machen. Er leistet die schwere Arbeit, den Tod anzunehmen. Er ist bereit, den letzten Weg zu gehen.

Diese stille Bereitschaft der Annahme des Todes kennzeichnet schließlich die fünfte Phase. Friede und Stille kehren ein. Der Sterbende gibt letzte Anweisungen an seine Angehörigen oder Pfleger. Mancher äußert Wünsche über die Art und Weise, wie es mit seiner Beerdigung gehalten werden soll. Das soll man sich vor den Augen des Sterbenden aufschreiben, denn er hat ein Recht darauf zu wissen, daß mit ihm nach seinem Tode so verfahren wird, wie er das wünscht. Manchmal werden den Angehörigen und Pflegern noch kleine Geschenke gemacht; häufig kommen gute Wünsche für das weitere Leben der Angehörigen und der eine oder andere gute Rat.
Im übrigen aber spricht der Sterbende hier schon mit großen Pausen, die oft eine viertel oder eine halbe Stunde dauern können, bis wieder ein neuer Satz kommt. Da ist dann Friede gemacht, da ist alles wohlbestellt, da ist die notwendige Arbeit geleistet worden. Nun kann der eigentliche Tod kommen.

* * *

Auch der zweite Abschnitt hat wieder fünf Phasen. Nicht alle sind klar kenntlich, manche kann ausfallen, manche liegen auch ineinander und sind schwer zu trennen. Die Intensität schwankt über große Skalenbreiten.

Vieles hängt von der Art der tödlichen Krankheit ab. So gelten die nachfolgenden Schilderungen im Sinn von Verallgemeinerungen, die durch die zusammenfassende Darstellung notwendig sind.

Das eigentliche Sterben beginnt oft damit (erste Phase), daß der Kranke — manchmal sehr plötzlich — von Schmerzen frei wird. Auf einmal braucht er keine schmerzlindernden Medikamente mehr; er fühlt sich befreit und leicht, er atmet förmlich auf.
Zugleich mit dieser Befreiung und mit dem Aufhören der Schmerzempfindung erlebt der Sterbende aber auch ein Dahinsinken und Entschwinden seiner Kräfte. Obwohl der ganze Körper federleicht geworden zu sein scheint, ist es kaum mehr möglich, ein Glied zu bewegen. Eine Handbewegung, ein Augenaufschlag, das Formen eines Wortes kostet unendliche Kräfte. Es lassen sich kaum mehr zusammenhängende Sätze bilden; nur noch einzelne Worte oder bestenfalls Satzbruchstücke können hervorgebracht, manchmal nur hervorgestoßen werden.
Oft ist es so, daß der Mund sehr trocken wird und der Kranke Feuchtigkeit wünscht: nicht wenige Sterbende bitten immer wieder mit letzten Kräften um Wasser. Oft sprechen auch nur noch die Augen; sie wandern vom einen zum anderen Gesicht, bleiben lange darauf haften und schließen sich dazwischen wieder. Es ist dies das letzte Abschiednehmen und zugleich Festhaltenwollen. Man muß in den Augen lesen können, ob sie Furcht

und Schrecken oder ob sie Geborgenheit und Dankbarkeit ausstrahlen. Denn danach muß man die Worte wählen, die man an den Sterbenden richtet. Wer offensichtlich Angst hat, braucht Trost; wer schon geborgen ist, muß in dieser Geborgenheit bestärkt werden.

Die zweite Phase ist für die Umstehenden nur sehr schwer — oft auch überhaupt nicht — erkennbar, wird jedoch vom Sterbenden sehr intensiv erlebt. Es schwindet das Gefühl für Zeit, Raum und Ort. Es gibt für das Erleben keinen Unterschied von Minuten oder Tagen mehr; alles ist nur noch Gegenwart, ist Augenblick geworden. In diesem Verlust des Zeitgefühls kündigt sich der Übergang in das zeitlose, ewige Wesen an, dem der Sterbende entgegengeht.
Auch das Wissen um Ort und Raum geht verloren. Man weiß nicht mehr, wo man ist. Das Zimmer — und manchmal noch weniger als das Zimmer — scheint ohne jede Verbindung frei in einem unendlichen Raum zu schweben, der nur zu erahnen ist. Man ist überall und nirgends zugleich. Nur die allernächste Umgebung wird gerade noch wahrgenommen; sie scheint aber schon in eine ungreifbare Ferne gerückt zu sein. Auch hier greift wohl die Orts- und Raumlosigkeit des ewigen Seins, der Welt Gottes schon in das noch irdische Leben hinein.

Mit dem, was in dieser zweiten Phase geschieht, dürften wohl die allseits bekannten, schlechterdings unerklärlichen Phänomene zusammenhängen, mit denen

Sterbende sich manchmal über bedeutende Entfernungen (bis über hunderte von Kilometern hinweg) bei nahen Angehörigen oder besonders guten Freunden fast greifbar manifestieren. Zu häufig und zu gut beglaubigt sind diese Erscheinungen, als daß sie dem bloßen Humbug zuzurechnen wären. Sie sind in der Zeit des zweiten Weltkrieges sehr oft aufgetreten, blieben aber keineswegs auf diese Zeit beschränkt. Man kann ja auch gelegentlich beobachten, daß Sterbende offensichtlich sich mit Personen unterhalten, die gar nicht anwesend sind. Man hat gesagt: Hier löst sich die Seele vom Leib und gewinnt die Fähigkeit, frei umherzuschweifen. Diese Erklärung kann uns aus mancherlei Gründen nicht genügen, wir versagen uns aber an dieser Stelle eine eigene Erklärung. Wie der Lebensweg in den Todesweg langsam übergeht, so mündet auch der Todesweg langsam in das Sein der Ewigkeit, die ohne Raum und Zeit ist. Das hat Konsequenzen, von denen her das Phänomen der Manifestation Sterbender nicht mehr erstaunlich scheint. Das »ewige Leben« greift rückwärts bis vor die Schwelle des biologischen Todes. Das mag hier genügen.

In der dritten Phase — auch sie ist von den Umstehenden nicht immer genau wahrzunehmen — vergeht der Gesichtssinn. Viele Sterbende schließen hier von selbst die Augen und halten sie geschlossen. Andere haben die Kraft nicht mehr, ihre Augen zu schließen und behalten sie deshalb offen, obwohl sie nichts mehr sehen. Da wird der Blick erst leer, dann zunehmend starrer.

Doch bedeutet dieser Verlust des Gesichtssinnes für den Sterbenden keineswegs ein Hineintauchen in tiefe Nacht. Denn zugleich mit dem Vergehen des äußeren Gesichtssinnes dämmert im Inneren das »klare Licht« auf, das Licht des anderen Lebens. Dieses Licht ist zunächst noch nichts anderes als pures, reines Licht; irgend etwas Bestimmtes ist in diesem Licht nicht zu erkennen. Es wird einfach im Inneren hell in dem Maß, wie es außen dunkel wird.

Dabei bleibt jedoch das Bewußtsein dessen, daß dieses Licht auf allen Seiten von Finsternis und Abgrund bedroht ist. Gerade weil das Gefühl für Raum geschwunden ist, wird diese allseitige Bedrohung sehr intensiv wahrgenommen. Es ist dies jenes »Wandern in finsterer Schlucht«, von dem der 23. (22.) Psalm spricht.

Es ist ganz besonders wesentlich und wichtig, daß in dieser Phase die Umstehenden dem Sterbenden von diesem Licht sprechen. Denn es kommt alles darauf an, daß der Sterbende das »klare Licht« im Auge behält und nicht in die finsteren Abgründe hinabgleitet und hinuntersinkt, die auf allen Seiten drohen. Er, der Sterbende, geht hier gewissermaßen über einen unsicheren, schwankenden Boden — so wie Petrus über den nächtlichen See Gennesaret (Mt 14,22—33). Solange Petrus seinen Blick auf Christus gerichtet hielt, der ihm auf den Wassern entgegenschritt, solange war er gehalten und sank nicht ein; als er aber auf den ihn umgebenden Abgrund der Wogen und Wellen blickte, sank er sofort in die Tiefe und schrie um Hilfe. —

Diese Phase kann von wenigen Sekunden bis zu einer halben Stunde dauern. Es hängt dies sehr stark von der Art der Erkrankung ab, die den Sterbenden überwältigt. Sowohl vorher als auch nachher kann sich eine lange Zeit des körperlichen Kämpfens und Röchelns einschieben, in der mehrfach oder dauernd das Bewußtsein schwindet und gar nichts erlebt wird.[11]

Die dann einsetzende vierte Phase scheint unserem Auge immer die entscheidende zu sein, aber sie ist es nicht. Es ist jene meist nur recht kurze Phase, in der die Atmung schwächer und schwächer wird, um schließlich ganz auszusetzen, und in der gleichzeitig das Herz unregelmäßig zu schlagen beginnt, um schließlich ganz aufzuhören. Meist hört zuerst das Einatmen auf, wohingegen das Ausatmen noch ein paar Züge länger dauert. Auch das Herz bleibt ja nicht ruckartig stehen, sondern pendelt aus wie eine Uhr, die man aufzuziehen vergessen hat. Eine große, ehrfurchtgebietende Stille breitet sich fast greifbar um den Sterbenden aus.
Der Sterbende selbst erlebt das wie ein Sich-Loslassen, wie ein Fallenlassen in tiefe Unendlichkeit hinein. Es ist ein Gefühl, als sinke man ins Bodenlose hinein und werde doch zugleich schwebend hinaufgetragen ins Unermeßliche, um sich auszubreiten in unerhörte Räume. So wird der Sterbende auch in seinem Gefühl für sich selbst endgültig frei, ledig und los. Viele wissen genau, daß sie jetzt sterben. Wer die Kraft hat, sich an das »klare Licht« zu halten, das in seinem Inneren aufge-

schienen ist, für den ist es ein Eingehen in den letzten, großen Frieden. Es gibt da keine Angst und keine Bedrängnis mehr. Der Sterbeweg ist unwiderruflich zurückgelegt; es gibt keine Umkehr mehr.

Und doch ist der Sterbende noch nicht völlig »tot«. Es gibt noch eine fünfte Phase. Diese kann nach dem Ende von Atmung und Herztätigkeit noch wenige Augenblicke dauern, reicht für gewöhnlich über etwa drei bis fünf Minuten, kann aber in einzelnen Fällen sich bis zu einer halben Stunde hinziehen. Doch ist solch lange Zeitdauer recht selten.

In diesen letzten Sekunden oder Minuten schwindet langsam der Rest des Bewußtseins dahin. Noch ist der Sterbende für Worte erreichbar, auch wenn er selbst überhaupt nicht mehr reagieren kann. Er hört noch, und was er hört, wird von ihm verarbeitet wie im Traum. Ja, die Träume, die das schwindende Bewußtsein hier noch hat, werden entscheidend beeinflußt durch das, was noch zu seinen Ohren dringt: sei es das Weinen oder die Schmerzensschreie seiner Angehörigen, oder sei es — wie schrecklich zu denken, aber es kommt wirklich vor! — der Streit seiner Erben oder die Geschäftigkeit eines Krankenhausbetriebes, der sofort alles zum Abtransport der Leiche vorbereitet; oder seien es die Gebete und Gottesworte aus dem Mund des Seelsorgers oder des mit ihm betenden gläubigen Mitmenschen. Was der Sterbende hier hört, das nimmt er mit hinüber in die Welt seines neuen Daseins. Denn in dem Maße, in dem das Erdenbewußtsein schwindet, gibt es das Erwachen zur Wahrheit, zum Licht, zur neuen Wirklichkeit, zum ganzen und erfüllten Leben. Davon wird gleich noch zu sprechen sein.

Daß aber in diesen Minuten mit dem Sterbenden noch etwas geschieht, läßt sich unschwer beobachten. Etwa noch vorhandene Spannungen in den Gesichtszügen oder Handmuskeln lösen sich und machen der Ausgeglichenheit des letzten Friedens Platz. Es formt sich das Gesicht des Toten. Erst wenn das geschehen ist, erst wenn das Bewußtsein völlig erloschen ist, erst wenn der Tod als großer Bildhauer des Körpers seine Arbeit vollendet hat, erst dann ist der Sterbende für unsere irdischen Begriffe wirklich tot.

Erst dann können wir die Frage stellen: Was jetzt?

Jenseits der Todesgrenze

Tempus non erit amplius.[12]

Wir wenden uns in diesem Kapitel der Frage zu, was mit den Gestorbenen geschieht. Dabei geht es uns nicht um das Problem, wie man in liebevoller, menschlicher und guter Weise mit der Leiche umgehen soll; über das Bestattungswesen, die Friedhöfe als Jahrmärkte der Eitelkeit (und Dokumente schlechten Gewissens!), über die recht merkwürdigen Trauerbräuche hierzulande ließe sich ein eigenes Kapitel schreiben. Wir lassen auch die Frage nach Erd- oder Feuerbestattung beiseite — sie hat aufgehört, eine religiöse Frage zu sein. Das möge jeder halten, wie er es will. Auch scheint es mir kein der Erörterung würdiges Problem zu sein, ob man einem Verstorbenen dieses oder jenes Organ entnehmen darf, um damit einem anderen Menschen Heilung und längeres Leben zu verschaffen. Ich habe Gründe, diese Frage uneingeschränkt zu bejahen.

Dieses Kapitel gilt stattdessen der Frage, welche Zukunft der Verstorbene habe *abgesehen* von dem Leib, der als Leichnam auf dem Bett bleibt. Gibt es eine solche Zukunft überhaupt, und wenn ja, wie sieht sie aus?

Wer über diese Dinge sprechen will, muß sich zuallererst der Frage stellen, woher er denn das alles wissen

will. Es ist doch — so sagt man nicht ohne Berechtigung — noch keiner von jenseits der Todesgrenze wieder zurückgekehrt und hat Auskunft gegeben über das, was dort geschieht (falls es dieses »dort« überhaupt gibt!). Diese Kritik wird auch dann laut, wenn man sich in seinen Aussagen auf das beschränkt, was das Neue Testament hierzu sagt. Denn die Feststellung, es sei noch niemand von jenseits der Todesgrenze in das Diesseits zurückgekehrt, trifft gleicherweise die Zeugen des Neuen Testamentes: die Apostel und die Evangelisten. Selbst Jesus von Nazaret muß sich derartige Kritik gefallen lassen; auf der einen Seite bestreitet man, daß er aus Gottes Ewigkeit gekommen sei und verweist alle diesbezüglichen Aussagen in den Bereich der Mythologie; auf der anderen Seite wird die Meinung vertreten, er sei ja gar nicht richtig tot gewesen und nach seiner Auferstehung — falls sie überhaupt eine Auferstehung vom Tode gewesen ist — sei er ja in die endgültige Unsichtbarkeit hinübergegangen. Alles übrige seien Visionen und Träume seiner Jünger und Apostel gewesen.
Moderne Menschen, die sich gerne »aufgeklärt« nennen und so argumentieren, leiden jedoch genaugenommen an einer bedauerlichen Bewußtseinsverkürzung. Für sie darf es nur das geben, was sie selbst mit Händen greifen und mit Augen und Ohren erfassen können. Was über ihr eigenes Erfahrungs- und Denkvermögen hinausgeht, das gibt es nicht, und das darf es nicht geben. Man könnte es scharf ausdrücken und so sagen: Jeder hält jeden für genauso dumm, wie er selbst ist. Weil

man selbst keine weitergehenden Erkenntnisse hat, hält man es für unmöglich, daß besondere Menschen besondere Erkenntnisse haben könnten.
Aber das ist natürlich töricht. Hier artikuliert sich nur die Überheblichkeit jenes weitverbreiteten eindimensionalen Denkens, das unter dem Decknamen »Aufklärung« schon viel zu lange die Verfinsterung des abendländischen Geistes betreibt. Der Wirklichkeit wird es schon längst nicht mehr gerecht.
Zu allen Zeiten haben besondere, auserwählte, begnadete Menschen auch die Todesgrenze überschreiten können und sind wieder zurückgekehrt.
In tiefer Meditation, mit viel Fasten und Beten oder aufgrund einer sehr sorgfältigen und jahrelangen geistlichen und asketischen Schulung ist es immer wieder einzelnen Menschen möglich geworden, einen Blick hinter die Vorhänge zu tun, die für unser normales Bewußtsein undurchdringlich sind. Es gibt solche Menschen nahezu in allen Jahrhunderten und es gibt sie in fast allen großen Religionen. Auch die Männer des Neuen Testamentes sind nicht irgendwelche Alltagsgestalten, wie wir das sind, sondern sie gehören zu den auserwählten Wenigen, zu den Betern und Asketen, die aufgrund ihrer Erfahrungen Kunde geben können von der jenseitigen Welt. Es lohnt sich, auf sie zu hören.
Dabei ist es besonders überraschend, daß ein beträchtlicher Teil der Aussagen, die das Neue Testament über das Leben nach dem Tode macht, sich in Übereinstimmung befindet mit entsprechenden Aussagen etwa der

buddhistischen Weisheit. Der Buddhismus ist zu einer ganz anderen Zeit und in einer völlig anderen Gegend dieser Erde entstanden als das Christentum; beide haben seit ihrer Entstehung und bis in dieses Jahrhundert hinein so viel wie nichts miteinander zu tun gehabt, so daß gegenseitige Einflüsse oder Abhängigkeiten ausgeschlossen sind. So müssen die Übereinstimmungen in der Sache selbst liegen.[13]

Blicken wir also mit der Frage: Was kommt danach? — in das Neue Testament!

Hier begegnet uns nun auf den ersten Blick eine schier verwirrende Fülle von Aussagen, die man nicht ohne weiteres in einen logischen Zusammenhang bringen kann. Hier scheint es Widersprüche zu geben, Aussagen, die sich gegenseitig ausschließen. Aber das *scheint* nur so. Widersprüche gibt es im Neuen Testament nur, wenn man meint, das »Leben nach dem Tode« müßte für sämtliche Verstorbenen absolut gleichartig sein. Diese Voraussetzung ist jedoch nichts weniger als gerechtfertigt, sachgemäß oder auch nur wahrscheinlich. Im Gegenteil! Ebenso wie das Leben der Menschen vor dem Tode sehr unterschiedlich aussieht, ist auch die Zukunft nach dem Tode nicht einheitlich zu sehen. Es wartet nicht alles auf jeden. Es gibt Unterschiede. Darum stehen sie teilweise untereinander im Widerspruch. Sieht man sie als Alternativen, die man eben nicht hintereinander, sondern nebeneinander anordnen muß als die verschiedenen Möglichkeiten, in denen das »Leben nach dem Tode« sich gestalten kann, so verlieren sich die

Widersprüche, und die Aussagen des Neuen Testamentes lassen sich in befriedigender Weise zusammenordnen. Es ergibt sich dann in großen Zügen folgendes Bild:

* * *

Nicht alle Menschen müssen überhaupt die Bitternis des Todes schmecken. Es gibt Menschen, für die ist das sogenannte Sterben nichts anderes als ein bruchloser Übergang in das ewige Sein »in Christus«. An ihnen geht der Tod vorüber.

Wir haben im vorigen Kapitel von der Erscheinung des »klaren Lichtes« gesprochen, die der Sterbende in seinen letzten Stunden erlebt. Wer bei Lebzeiten so in diesem Licht zu Hause war, daß er es im Sterben als seine Heimat wiedererkennt; wem es gegeben ist, in seiner Sterbestunde unbeirrt auf dieses Licht zuzugehen und nicht in die Abgründe von Finsternis auf allen Seiten hinabzustürzen — wer also einen stärkeren Glauben hat als der sinkende Petrus auf den Wassern des Sees Gennesaret —, und die Kraft aufbringt, geradewegs in dieses Licht hineinzugehen, der erlebt den Übergang in die Klarheit Gottes und erlebt keinen Tod. Er geht unmittelbar in die völlige Einheit, Schönheit und Vollkommenheit ein. Solches Eingehen in das Licht ist sofortige und völlige Erlösung und Befreiung, ist ein Verwandeltwerden in das Wesen Gottes und ein Geborgenwerden in Seiner ewigen, unfaßbaren Welt.

Was dort ist und *wie* es dort ist, davon wissen wir nichts, weil wir davon gar nichts wissen *können:* Es übersteigt unseren Verstand und wir haben dementsprechend auch keine Sprache dafür.

Wer in das Licht eingeht, für den enden alle Fragen und Zweifel, der hat vollkommene Freude und Seligkeit, für den gibt es kein Zurückblicken mehr. Es sind auserwählte, heilige Menschen, die am Tod vorbei sogleich in das ewige Licht eingehen dürfen. Christus spricht gelegentlich von dieser Möglichkeit, läßt aber keinen Zweifel daran, daß es nur wenige sind, denen dies vergönnt ist (Mt 16,28; Joh 8,51). Denn wenige nur haben einen so starken Glauben, eine so brennende Liebe und ein so unerschütterliches Vertrauen, daß ihre Sterbestunde ihnen schon die Vollendung bringen kann. Selbst Petrus sank ja ein auf dem See Gennesaret. Aber so selten das auch sein mag, so wenig darf man es unterschlagen. Und so sollte das hier wenigstens angedeutet werden.

* * *

In der Regel führt der Weg der Verstorbenen zur Auferstehung durch die Bitternis des Todes. Dieser Weg hat Verzweigungen, die zu mehreren unterschiedlichen Zwischenstationen führen.

Da ist zunächst der Tod selbst. Er muß in seiner ganzen Tiefe erfahren und durchlitten werden als ein letztes Ausgezogensein und Entkleidetwerden. Die Würfel sind gefallen. Das Schicksal ist besiegelt. Man kann überhaupt nichts mehr ändern. Es ist alles so, wie es jetzt ist. Man ist diesem Sein ausgeliefert wie im Traum. Alles muß unwiderruflich hergegeben werden: der Leib, der Wille, die Gefühle, alle menschlichen Bindungen — von Besitz und Wirkungsmöglichkeiten ganz zu schweigen. Je mehr einer sich an all dies klammert, um so bitterer wird der Tod für ihn, um so finsterer wird die Schlucht. Wer jedoch bei Lebzeiten das Loslösen und Hergeben eingeübt hat, wer wie Johannes der Täufer unter der Devise lebte: »Jener muß wachsen, ich aber geringer werden« — und wer also aus solcher Einübung heraus sich nicht mehr wehrt gegen dieses Entkleidetwerden und stattdessen alles willig hingibt, dem kommt Christus entgegen als Licht in finsterer Schlucht und nimmt ihn auf in seine Klarheit. Eine besondere Auferstehung braucht er dann nicht mehr zu erwarten; der »Entkleidete« wird nämlich »überkleidet« — neu angezogen sozusagen — mit der Lichtherrlichkeit Christi. So geht er hinüber aus dem Tod in die ewige Klarheit.

Christus spricht einmal: »Wer mein Wort hört und dem glaubt, . . . der ist aus dem Tod ins Leben hinübergegangen« (Joh 5,24). Und Paulus, der Apostel, sehnt sich danach, daß er dergestalt entkleidet und überkleidet werden möge, um so »daheim beim Herrn zu sein« (2 Kor 5,1—8). Hier geht es nämlich, wie Christus ausdrücklich sagt, nicht einmal durch das Gericht hindurch. Auch hier enden dann alle Fragen, alle Sehnsüchte und alles Leiden in der ewigen Gegenwart des göttlichen Lichtes. Darüber jedoch können wir, wie schon angedeutet, nichts mehr sagen.

Dies jedenfalls ist der Weg, den derjenige geht, der aus Glauben und im Glauben gestorben ist: einem Glauben, der bei Lebzeiten eingeübt und ausgeübt sein will, um durch das Sterben hindurch sich zu bewähren als die rettende Kraft.

Wer indessen nicht aus eingeübtem Glauben heraus solches Verwandeltwerden aus der Todesfinsternis in das Gotteslicht erleben kann, auf den wartet zugleich mit der Bitternis des Todes das Erleben des Gerichtes. Hier geht es, wie das Neue Testament deutlich sagt, zugleich mit dem Glauben auch um die Taten des Menschen. Nun ist dieses Gericht so oft geschildert und so vielfältige gemalt und in Stein gehauen worden, daß sich darüber lange Ausführungen erübrigen. Wir sollen uns allerdings darüber im klaren sein, daß alle diese Schilderungen und Darstellungen nicht mehr sind als sinnbildhafte Gleichnisse für eine jenseitige Wirklichkeit, die sich einer genaueren Beschreibung mit Hilfe der uns geläufigen Vorstellungen schlechterdings entzieht. Wir sollen wissen, daß, wenn wir nicht kraft unseres Glaubens gerettet werden, unsere Taten uns unlösbar anhängen und unvergessen bleiben. Es ist dann eben so, als wäre alles in Bücher geschrieben und in einem unendlichen Archiv aufbewahrt worden. Und es mutet so an, als hätten alle unsere Taten ein wägbares Gewicht, so daß man wie mit einer Waage schwarze und weiße Steine gegeneinander abwägen könnte — wobei sich die Waagschale auf der Seite der schwarzen Steine tief neigt (dieses Bild stammt aus dem tibetanischen Totenbuch; ähnlich ist es auch im ägyptischen Totenbuch, wo das

Herz gegen eine Feder abgewogen wird). Was haben wir denn im Leben Gutes tun können, was nicht ohnedies unsere selbstverständlichste Pflicht gewesen wäre? »Wenn ihr alles getan habt, was euch befohlen wurde, sollt ihr denken: Wir sind unwürdige Knechte. Wir haben nur unsere Schuldigkeit getan« (Lk 17, 10). So läßt das Neue Testament keinen Zweifel daran, daß wir Menschen nicht in der Lage sind, im Gericht aus uns selbst heraus unsere Rettung zu vollbringen.

Nichts von dem, was wir im Leben Gutes tun, kann uns das ewige Heil bewirken. Nur der Glaube an Christus vermag uns zu retten. Wo kein Glaube ist, da hängen unsere unaufwägbaren Untaten wie ein schweres Gewicht an uns und ziehen uns unaufhaltsam hinab, weg vom Licht, weg von Gott.

Es ist allerdings nicht so, daß das Gericht deswegen, weil hier die menschlichen Taten mitspielen, unbedingt und in allen Fällen Verurteilung und Verwerfung bringen muß. Es gibt auch die Rettung aus dem Gericht, gewissermaßen einen Freispruch oder eine Einstellung des Verfahrens. — Das Gericht vollzieht sich ja zugleich mit dem Sterbegeschehen und ist ein Teil des Todesweges. Auf diesem Weg kann mancher gläubige Mensch schwach werden; es fehlt seinem Glauben die Kraft, sich an das Licht zu halten, oder es werden Schmerzen und Angst übermächtig. Auch kann es sein, daß ein »Sekundentod« nicht genügend Zeit und Raum läßt, um den Tod bewußt und gläubig zu verarbeiten. Vielleicht mußten so starke Medikamente gegeben werden, daß

längst vor Beginn des eigentlichen Sterbegeschehens Bewußtlosigkeit Platz griff. Noch manch andere Fälle sind denkbar, in denen zwar der Glaube gelebt wurde, im Sterben jedoch nicht durchhielt. — Hier greift die freie Gnade und Barmherzigkeit Gottes ein und tut das Gericht beiseite. Das Verdammungsurteil wird nicht gesprochen, weil die Namen der Gläubigen »im Buch des Lebens geschrieben« sind — auch dies natürlich wiederum nur ein Sinnbild dafür, daß keiner vergessen und verloren ist, der je in Gott geborgen war.
Über dies hinaus eröffnet die grenzenlose Freiheit Gottes den Menschen, zu denen die rettende Christusbotschaft nicht gedrungen ist, sogar noch die Möglichkeit einer Rechtfertigung aufgrund ihrer Taten. Hierzu — zur Frage nach der Rettung der Heiden — hat Paulus im Römerbrief (2,14—16) das Nötige gesagt. Wir brauchen dem nicht weiter nachzugehen. Denn die Möglichkeit einer Rechtfertigung aus den Werken ohne Glauben ist jedenfalls uns, denen in Christus die rettende Botschaft angeboten worden ist, *nicht* eröffnet.

Aus dem Gericht entsteht sodann entweder der »andere Tod« oder die »Auferstehung des Lebens«. Von beiden muß jetzt die Rede sein.
Der »andere Tod« (Offb 20,6.14) empfängt den, dessen Unglaube im Gericht offenbar geworden ist und den seine Taten verdammen. Die Qualen dieses Zustandes sind im Mittelalter mit glühenden Farben geschildert worden. Hier ist sicher vieles allzu handfest, allzu vor-

dergründig und manchmal wohl auch allzu unernst dargestellt worden; die Sache, um die es hier geht, ist dadurch in Mißkredit geraten. Wir sollen uns von diesen mittelalterlichen Vorstellungen über die Hölle und ihre Teufel wirklich frei machen. In vielem hat sich hier auch einfach eine durch Ängste krank gewordene Phantasie ausgetobt. Wo kein Körper im irdischen Sinne mehr ist, da gibt es auch keine Qualen, die mit körperlichen Schmerzen übereinstimmen würden.

Es muß uns andererseits aber auch bedenklich stimmen, daß die dämonischen Fratzen und höllischen Quälgeister keineswegs bloß im mittelalterlichen Christentum, sondern ebenso in anderen Religionen vorkommen. Die Tiefenpsychologie hat gezeigt, daß diese Dämonen sehr real in den Tiefen unseres eigenen Unbewußten vorhanden sind. Werden sie frei und sind wir ihnen ausgeliefert, wenn wir sterben und im Tod ohne Gottes Schutz bleiben? Dies wäre dann allerdings entsetzlich: Von Gott und Seinem Licht so geschieden zu sein, daß man den Furien des eigenen Ich ohne Möglichkeit der Bergung und ohne absehbares Ende preisgegeben ist. Da ist dann wirklich alles endgültig verfehlt und verspielt, wo man die Vollendung sieht, ohne sie jemals erreichen zu können — und dies alles aus eigener Schuld. Ob es aus dem »anderen Tod« je eine Befreiung gibt, davon wissen wir nichts. Es ist uns darüber nichts gesagt. Jedenfalls hat eine diesbezügliche Hoffnung keinerlei Anhalt im Neuen Testament.

Wenden wir uns nun noch der »Auferstehung des Lebens« zu, von der in der Heiligen Schrift mehrfach die Rede ist. Hier müssen wir sehr behutsam vorgehen. Denn nicht alles hierzu ist in der Bibel ganz klar gesagt. Nach vielem Überlegen und Vergleichen meine ich, das Folgende — mehr fragend als wissend — sagen zu können:

Es hat den Anschein, daß es neben jener Auferstehung, die als eine letzte Vollendung bringende Verwandlung aus der Nacht in das Licht führt, eine zweite, andere Auferstehung gibt, die einen mehr vorläufigen Charakter hat. Sie entfaltet sich auf jeden Fall erst jenseits des Gerichtes und führt zu einem Leben auf der Erde. Diese Erde soll eine »neue Erde« unter einem »neuen Himmel« sein, und so ist auch dieses Leben ein »neues Leben« unter veränderten Bedingungen. In nur schwer zu interpretierenden Bildern, die mit viel Symbolik und mystischem Gut gefüllt sind, wird ein Auferstehungsleben angedeutet, das kein »himmlisches«, »ewiges«, sondern ein irdisches, zeitliches zu sein scheint. Hierher gehören etwa die tausend Jahre glücklichen, friedeerfüllten Daseins unter der ungebrochenen Herrschaft Christi, von denen die Offenbarung redet (Offb 20, 2—4), und die man sicher nicht mit der Rechenmaschine wird nachzählen dürfen. Ganz deutlich geht es hier um eine zum Guten veränderte, verbesserte *Welt* und damit zugleich um ein verbessertes irdisches Leben, zwar auf höherer Stufe, aber doch keineswegs in Vollendung. Wer hier länger nachdenkt und religionsgeschichtliche Vergleiche anstellt, kann sich schwer dem Eindruck entziehen, daß manche Bilder des Neuen Testamentes Ähnlichkeiten mit den buddhistischen Gedanken von der Wiedergeburt oder Reinkarnation aufzuweisen scheinen. Nicht nur in der Offenbarung, sondern auch im Johannesevangelium und an manch anderen Stellen des Neuen Testamentes finden sich derartige Ähnlichkeiten. Das wird uns nur deshalb nicht so klar, weil wir selbstverständlich die Worte und Begriffe der Bibel so verstehen, wie sie in unserer heutigen Umgangssprache verstanden werden. Sobald man die biblischen Worte und Begriffe aber einmal in den Zusammenhang der Umgangssprache stellt, die damals gesprochen wurde, als die Apostel ihre Briefe und die Evangelisten ihre Bücher schrieben, ist die Nähe mancher neutestamentlichen Aussage zu dem Gedankenkreis der Reinkarnation zu auffällig, als daß man sie bestreiten könnte. Hier muß theologische Wissenschaft erst noch einige Forschungsarbeit leisten, ehe wir klarer sehen können.

In diesem Zusammenhang wäre dann auch Platz für den Gedanken an eine Zeit und einen Zustand der Läuterung und Vervollkommnung des schwachen Menschen, ohne daß man deshalb gleich die Bilder des »Fegefeuers« bemühen müßte — auch sie sind nur unzulängliche Versuche, das Unsagbare dennoch zur Sprache zu bringen. So, wie wir sind, taugen wir ja nun wahrhaftig nicht für ein Dasein in der ungebrochenen Klarheit Gottes; wenn nicht bereits der Tod uns entscheidend verwandelt, dann muß da erst noch vieles bei uns und in uns ganz anders werden.

Aber wir haben mit diesen Überlegungen inzwischen einen Bereich betreten, über den eingehender öffentlich zu sprechen nicht ratsam ist. Zu groß sind die Möglichkeiten des Mißverstehens und der Verzeichnung. Diese Dinge sollten dem Austausch im Gespräch untereinander vorbehalten bleiben. Darum will ich das mit der »anderen« Auferstehung und dem »tausendjährigen Reich« hier nicht weiter verfolgen. Nur soviel sei gesagt, daß sich viele scheinbare Widersprüche ganz von selbst lösen, sobald man davon ausgeht, daß die Heilige Schrift nicht einerlei, sondern zweierlei Auferstehung kennt. Damit sei es genug. Allzuvieles bleibt ohnedies im Raum des Geheimnisses und gibt sich nicht preis.

* * *

Wir wenden uns einem Bündel von Fragen zu, die immer wieder gestellt werden und dadurch anzeigen, daß vielen eine Antwort darauf sehr wichtig ist. Vielleicht werden sie auch deshalb immer wieder gestellt, weil die gegebenen Antworten nicht befriedigen. Ist dies der Fall, so sind zwei Möglichkeiten denkbar: entweder sind die Antworten falsch, oder es sind die Fragen selbst nicht sachgemäß; man kann ja bekanntlich auf eine falsch gestellte Frage auch keine richtige Antwort geben. Dies letztere scheint mir bei dem Fragenbündel, dem wir uns zuwenden wollen, in der Tat der Fall zu sein. Es handelt sich um unsachgemäße, also falsche Fragen; man hat sie nicht aus der Heiligen Schrift gewonnen, sondern hat sie von außen an die Bibel herangetragen. Man muß sie erst im biblischen Sinne berichtigen, ehe man sie biblisch beantworten kann.

Die erste dieser falschen Fragen sieht etwa so aus: Man sagt, es gebe doch verschiedene Grade der Frömmigkeit und verschiedene Tiefen der Sünde und so müsse es in der Ewigkeit doch wohl auch eine bestimmte Rangordnung geben. Es vertrage sich nicht mit der Gerechtigkeit Gottes, wenn etwa Verlegenheitslügner oder Gebetsfaule genauso behandelt würden wie Massenmörder oder wenn der im letzten Augenblick gerade noch Bekehrte der gleichen Seligkeit teilhaftig würde wie der größte aller Heiligen. Hierzu ist zu sagen, daß die Gerechtigkeit Gottes keineswegs ein ausgleichendes und abwägendes *Tun*, sondern das unbedingt zuverlässige *Sein* Gottes aussagt: Gott ist gerecht, indem Er immer und bedingungslos ganz und gar sich selbst treu bleibt; daß Seine Göttlichkeit prinzipiell nicht in Frage stehen kann. Er ist aber gerade darin ganz und gar Gott, daß Er die Fülle und Klarheit und Seligkeit immer nur ganz und ungeteilt schenkt: nicht zumißt nach Verdienst oder Leistung, nicht Lohn auszahlt oder bemessene Strafen verhängt, keine Rangordnungen duldet, sondern in freiem Erbarmen alles gibt, was Er geben kann — Sich selbst in Seinem Licht. Es ist also verkehrt, unser Gerechtigkeitsdenken auf Gott zu übertragen, denn dieses wird Gott gerade nicht gerecht. Es verfehlt vielmehr Gottes Wesen.

Sodann gehört zu den falschen Fragen die, ob wir in der Ewigkeit unsere Lieben wiedersehen werden. Selbstverständlich werden wir sie wiedersehen. Nur wird uns das dann nicht mehr besonders interessieren. Im Licht göttlicher Klarheit sind alle gleicherweise eins in Gott und sind alle gleicherweise durchströmt und durchflutet von der übergroßen, alles umfassenden Liebe. Da ist einfach kein Platz mehr für besondere Liebe und besondere Bevorzugung, denn es gibt keine Liebe über die göttliche Liebe hinaus.
Daß uns auf Erden bestimmte Menschen besonders lieb sind, zeigt ja nur an, wie sehr es uns an der alles umfassenden, ganzen Liebe fehlt.
Es ist wohl klar, daß wir hier nicht ärmer, sondern viel reicher werden.

Eine weitere, besonders dumme Frage ist die, ob das Paradies denn wirklich Freude machen wird; ob es nicht auf die Dauer langweilig werden wird, immer nur die Schönheit Gottes anzuschauen und nichts anderes zu tun als Hosianna und Halleluja zu singen.
Viele kennen diese Frage aus dem blöden Witzstück von Ludwig Thoma von dem »Münchner im Himmel«. Der Komiker ist aber im Recht, wenn er derartige Vorstellungen lächerlich macht. Wer so fragt, der verwechselt ja die vordergründigen, notwendigerweise unvollkommenen Sinnbilder und Gleichnisse mit der Sache der Ewigkeit selbst. Er bleibt an den Bildern hängen, bleibt vor dem Vorhang stehen, und hält den Wegwei-

ser für das Ziel selbst. Dem wird sich die Frage nach der Kurzweil oder Langeweile der Ewigkeit gar nicht stellen, weil er von vorneherein unfähig ist, das klare Licht selbst zu erkennen und zu ihm durchzudringen. Er gehört zu denen, auf die das Gericht wartet.
Das »Paradies« ist weder ein Schlaraffenland noch die Aufführung eines Daueroratoriums, noch eine Schifffahrt im Wolkenmeer, noch sonst irgend etwas, was man sich vorstellen könnte. Es ist der Begriff für ein Glück, welches jedes menschliche Vorstellungsvermögen weit übertrifft.

Viel ernster ist eine andere, ebenfalls falsche Frage. Es ist die Frage nach dem, was eigentlich mit allen denjenigen wird, welche die Christusbotschaft nicht erfahren haben und die also keine Entscheidung des Glaubens vollziehen konnten. Sind sie denn alle verloren? Und was wäre das für ein »barmherziger« Gott?!
Diese Frage ist wirklich bedrängend.
Und doch ist sie schon als Frage falsch. Denn sie setzt voraus, daß es »absolute« Wahrheit gibt, jenseits von aller Geschichte und ihren sehr wechselnden Bedingungen. Diese Voraussetzung ist aber eine philosophische, theoretische, abstrakte und nicht eine biblische. Der Gott der Bibel ist ein Gott der Geschichte. Seine Wahrheiten sind nicht abstrakt, sondern sind konkrete Wahrheiten für konkrete Menschen, je an ihrem Ort und in ihrer Situation. Das muß bedacht werden, und von da aus

ist nun die Frage nach dem Heil der »anderen« richtigzustellen und auch zu beantworten:
Für uns, denen die Christusbotschaft gesagt worden ist, die das Neue Testament, die Predigt und die Sakramente haben, führt kein Weg um Christus und den Glauben herum. Wenn es Gott gefällt, andere Menschen zu anderen Zeiten und an anderen Orten auf andere Weise zu rufen und zu retten, so ist das Seine Sache.
Falls es Gott beliebt haben sollte, die Menschen im fernen Osten in der Gestalt des Gautama Buddha zu rufen (der Gedanke mag kühn sein, für abwegig halte ich ihn nicht)[14] und sie durch tausend Jahre hindurch auf diesem Weg zu führen, so ändert das nichts an der Tatsache, daß es Ihm beliebt hat, die Juden durch Mose zu rufen und zu unterweisen — bis die Zeit erfüllt war. Entscheidend ist und bleibt aber, daß *uns* Gott weder in der Gestalt des Buddha noch des Mohammed noch des Mose gerufen hat, sondern in Jesus, dem Christus. Da sind wir gestellt und zum Glauben gerufen, nirgends sonst. Die Frage nach dem Heil der anderen ist Gottes Sache, nicht die unsere.

* * *

Es bleibt ein Letztes zu sagen. — Bewußt habe ich bisher noch gar nicht davon gesprochen, was für eine Art von Mensch denn nun eigentlich all dieses Geschehen nach dem Tode erlebt. Insbesondere habe ich nicht den Begriff »Seele« gebraucht, den man hier üblicherweise verwendet. Dieser Begriff ist von Mißverständnissen belastet vor allen Dingen deshalb, weil es die Vorstellung von der »unsterblichen Seele« gibt. Die Vorstellung von der Unsterblichkeit der Seele stammt jedoch nicht aus dem Neuen Testament, sondern aus der alten griechischen Philosophie, ist also ihrer Herkunft nach nicht biblisch, sondern heidnisch. Sie führt uns auf ein falsches Gleis. Sie setzt voraus, daß »Leib« und »Seele« des Menschen zwei ganz verschiedene Dinge seien, die man auch getrennt voneinander betrachten kann und die verschiedene Schicksale haben können.

Die biblische Lehre aber sieht anders aus. Nach ihr ist der Mensch eine untrennbare Einheit seines beseelten — d. h. lebendigen — Leibes. Demgemäß geht es in der Heiligen Schrift immer um den ganzen Menschen, nicht bloß um seine »Seele«. Man kann die biblische Lehre kurz so zusammenfassen:

Gott hat den Menschen erschaffen nach Leib und Seele. Der Mensch aber ist Sünder mit Leib und Seele. Darum ist der Mensch dem Tod unterworfen mit Leib und Seele. Durch Christus aber wird dem Menschen das ewige Leben eröffnet, das anders ist als die irdischen Erscheinungen von Leib und Seele. So ist der ganze Mensch auf die Ewigkeit hin angelegt, nicht etwa nur seine »Seele«, die man nicht vom Leib und damit von der Gesamtheit »Mensch« trennen und lösen kann. Das, was die griechische Philosophie unter der »Seele« des Menschen verstand, ist sterblich wie der Mensch selbst, ist mit dem Menschen dem Tod unterworfen. Der ganze

Mensch aber soll, verwandelt und erneuert, am Leben der Auferstehung teilhaben. Das ist etwas völlig anderes als die griechische Lehre von der »Unsterblichkeit der Seele«. Darum, weil es dieses Mißverständnis gibt, habe ich schon bisher konsequenterweise nicht von der Seele, sondern immer vom Menschen gesprochen.

In welcher Gestalt, auf welche Weise sich das Leben der Auferstehung verwirklichen wird, das wissen wir nicht. Es ist mehr als nur ein »Reigen seliger Geister«. Es ist nicht ohne Leiblichkeit, denn Christus ist kein Herr über Gespenster. Wenn wir im Credo die »Auferstehung des Fleisches« bekennen[15], so bekennen wir damit die Auferstehung des ganzen Menschen; mit diesem Satz aus dem Credo wird ja gerade ein scharfes Nein gesagt zu der Lehre von der »unsterblichen Seele«. Es gibt vielleicht eine Auferstehung in ein leibliches Leben auf der erneuerten Erde; es gibt auf jeden Fall eine Auferstehung, die bedeutet Verwandlung von Leib und Seele in das ewige Licht göttlicher Klarheit, in vollkommene Freude, Schönheit und Liebe.

Mehr ist uns nicht bekannt, und es ist müßig, über das Wie und Was weiter zu spekulieren.

* * *

Unser zukünftiges Sein wächst aus unserem jetzigen Leben hervor wie die Pflanze aus dem Samenkorn. Es kann nichts aus uns werden, was nicht in diesem Leben mindestens schon seinen Anfang genommen hat. Glauben und Vertrauen, Beten und Fasten, Hören und Gehorchen, Meditieren und Schauen, Dienen, Loben und Danken wollen in diesem Leben in aller Treue und Demut eingeübt werden. Nur dann brauchen wir das, was nach dem Tod uns erwartet, nicht zu fürchten. Dort aber, wo solche Einübung geschehen ist, können wir der Zukunft getrost entgegengehen in der Hoffnung, ja in der Gewißheit, daß wir aus der finsteren Schlucht des Todes entrückt werden in das Licht der ewigen Liebe.

Sachgemäße Sterbehilfe

Quid sum miser tunc dicturus?[16]

Wir haben von den Erfahrungen des Sterbenden gesprochen und davon, wie man sich auf sein eigenes Sterben recht vorbereiten kann. Wir haben auch von den äußeren Bedingungen des Sterbens geredet. Nicht immer hat man alles dies selbst in der Hand; häufiger ist es so, daß man auf die Hilfe seiner Angehörigen und Pfleger angewiesen ist. So wie jeder von uns eines Tages sterben muß, so kann jeder von uns sehr leicht in die Lage kommen, einem Sterbenden helfen zu müssen. Es ist Christenpflicht, sich einer solchen Anforderung nicht zu entziehen. Jedes auch noch so wohlgemeinte Helfen ist aber nur dann wirklich hilfreich, wenn es sachgemäß geschieht. Unsachgemäße Hilfe zerstört eher viel. Darum soll in diesem Kapitel von der richtigen und sachgemäßen Sterbehilfe die Rede sein. Was kann, was soll, was darf man alles tun, wenn man auf einmal in die Lage versetzt wird, jemandem beim Sterben beistehen zu müssen?

Manches von dem, was hier zu sagen ist, kam in den vorangegangenen Kapiteln schon beiläufig zur Sprache und braucht hier nicht mehr ausführlich wiederholt zu werden. Fast alles geht mit Selbstverständlichkeit aus den bisherigen Ausführungen hervor.

Es sind im wesentlichen zwölf Stationen, die man voneinander absetzen und getrennt nacheinander betrachten kann: Stationen auf dem Weg des Todes, an denen man innehalten soll und bei denen es unterschiedliche Hilfe gibt.

Daß wirkliche Sterbehilfe auf jeden Fall die Wahrheit zur Voraussetzung hat, braucht nicht mehr betont zu werden. Man kann einem Sterbenden nur dann wirklich helfen, wenn er auch weiß, daß er sterben muß. Unter der Herrschaft der Lüge kann sich christliche Liebe nicht entfalten. Nur die Wahrheit macht frei — frei auch zur Hilfe. Dies gilt sogleich für die erste der »Stationen«:

Wenn feststeht, daß alle ärztliche Kunst der Lebensverlängerung umsonst bleiben wird und also keine Aussicht auf Rettung mehr besteht, dann soll man vor allen Dingen den Kranken, wenn das nur immer mit seinem Zustand vereinbar ist, nach Hause bringen. Auch wenn es zu Hause einige Mühe und Umstände macht, auch wenn man dadurch vielleicht für Wochen in seiner freien Entfaltung gehemmt ist, dieses Stückchen Liebe und Barmherzigkeit sollte man aufwenden. Es stirbt sich viel leichter in der gewohnten Umgebung, im eigenen Bett, im eigenen Zimmer. Die unpersönliche Atmosphäre einer Klinik mit der technischen Sachlichkeit ihrer Umgebung macht das Sterben in der Regel schwerer. Es ist ja auch so, daß Sterbende, die über ihr Geschick Bescheid wissen, von sich aus nach Hause drängen.

Nun ist Sterben eines der ganz großen, Ehrfurcht gebietenden Geschehnisse. Darum möge niemand erschrekken, wenn ich den Rat gebe, das Sterben eines Angehörigen so zu gestalten, als ginge es um ein *Fest.* Ein Fest muß ja nicht unbedingt etwas Lautes sein, das mit viel Gelächter und Ausgelassenheit verbunden ist. Es gibt auch Feste, die in Stille und mit viel Schweigen begangen werden. Ein Fest von dieser Art meine ich. Was gehört zu einem solchen Fest, was wäre dem Sterbefest angemessen?

Es gehört dazu, daß man den Raum sehr sauber hält und immer für gute Lüftung sorgt, daß man saubere Decken auflegt und dem Sterbenden reine Wäsche gibt, daß man schöne Blumen aufstellt, vielleicht ein erfreuliches Bild in das Blickfeld des Sterbenden rückt, vielleicht ein paar Kerzen anzündet. Denken wir daran, daß die alte Kirche den Todestag ihrer Heiligen als den Geburtstag des ewigen Lebens gefeiert hat, und gestalten wir also das Sterbezimmer so, als gälte es eine Geburtstagsfeier. Der Sterbende soll das Gefühl haben, daß um ihn herum etwas festlich begangen wird und soll dadurch merken, daß er jetzt für alle im Mittelpunkt der Aufmerksamkeit steht. Denn das beruhigt und tröstet.

Zweite Station: Daß man, so weit möglich und dem Kranken zuträglich, auf alle Wünsche des Sterbenden eingehen und ihm erfüllen soll, was er noch will, davon haben wir schon gesprochen. Nochmals sei daran erinnert, daß derartiges Wünsche-Erfüllen so geschehen soll, daß dadurch die Wahrheit nicht verschleiert wird. Natürlich gibt es auch törichte Wünsche, die man dem Kranken mit Liebe und Geduld ausreden muß. Aber vieles ist doch bei einigem guten Willen erfüllbar. Vor allen Dingen ist es wichtig, daß der Sterbende allen den Menschen noch begegnen kann, denen er begegnen möchte, um von ihnen Abschied zu nehmen. Hier darf man keine Zeit und keine Kosten scheuen. Doch soll, wer einmal Abschied genommen hat, dann auch wegbleiben und nicht immer wieder kommen. Es ist für den Sterbenden eine viel zu große seelische Belastung, wenn er von dem einen oder anderen lieben Menschen immer wieder Abschied nehmen muß. Da muß man dann unter Umständen auch einmal hart sein können.

Dritte Station: Es sollte selbstverständlich sein, daß man alles tut, was äußerlich nötig ist. Falls der Patient Schmerzen hat oder sonst Linderung oder Hilfe braucht, muß seine ärztliche Versorgung sichergestellt sein. Auch hier darf man eventuelle Kosten nicht scheuen. Mit Sorgfalt soll man darauf schauen, daß er alles bekommt, was er haben muß: die verordneten Medikamente, das erlaubte Getränk, die richtige Temperatur, ein mehrmals am Tag aufgeschütteltes und gelüftetes Bett oder was sonst noch alles dazugehört. Ich würde dies alles gar nicht sagen, wenn ich nicht wüßte, wie oft Sterbende von den Angehörigen selbst in diesen Dingen verraten und sich selbst überlassen werden, bis hin zur Verwahrlosung.

Mindestens genau so wichtig ist es, daß man jede nur irgendwie vermeidbare Störung von dem Kranken fernhält. Er darf nicht mehr belästigt werden mit Dingen, die bedeutungslos sind und ihn nur belasten würden. Besuche, die aus purer Höflichkeit oder Neugier erfolgen, soll man freundlich, aber bestimmt abwehren. Geschäftliche Dinge soll man fernhalten. Vor allen Dingen soll man nicht unbegrenzt dulden oder gar noch dazuhelfen, daß der Sterbende abgelenkt wird. Darum wird man ihm pure Zerstreuungen behutsam, langsam und liebevoll entziehen.

Vierte Station: Ganz wichtig ist es, daß man dem Sterbenden gegenüber nicht stumm bleibt, sondern ihn anspricht. Man soll immer wieder Fragen stellen nach seinem Befinden, nach seinen Wünschen, Sorgen und Nöten und nach seinen Freuden. Dabei soll man ganz bewußt auch immer wieder einmal über den bevorstehenden Tod sprechen und dem Sterbenden die Angst davor nehmen. Behutsam und in großen Abständen soll man etwas von dem erzählen, was nun im Sterben auf ihn wartet. Das nimmt die Angst. Und dann soll man von Gott und Christus sprechen, von der ewigen Liebe, von der Vergebung, von der Vollendung und von der Heiligung.

Wenn es dann soweit ist, daß der Kranke seinen Tod angenommen hat und sich nicht mehr dagegen wehrt, so daß man auch über Gott und über Christus mit ihm sprechen kann, spätestens dann ist der Zeitpunkt, wo man ihn gegebenfalls noch nötigen kann (und soll!), sein Testament zu machen. Er wird es dann nur noch diktieren können. Dazu muß man zwei Zeugen haben. Überhaupt soll jetzt alles zum Abschluß gebracht werden und zur endgültigen Regelung kommen. Man soll den Sterbenden ausdrücklich fragen, wie er es mit seiner Beerdigung gehalten haben möchte: Welches Bibelwort soll im Mittelpunkt stehen, welche Lieder sollen gesungen werden, ist Erd- oder Feuerbestattung anzuordnen, soll anstelle von Blumen- und Kranzspenden um Gaben für einen wohltätigen Zweck geworben werden? Ich sage das nicht deshalb, weil uns solche Wünsche des Sterbenden der Notwendigkeit entheben, uns selbst entsprechende Gedanken zu machen, sondern ich sage das deshalb, weil es für den Sterbenden eine Hilfe zur Todesbewältigung und Todesannahme ist, wenn er sich mit dem Gedanken vertraut machen muß, daß man ihn bald bestatten wird. Darüber nachzudenken, das befreit.

Fünfte Station: Man wird dann, wenn alle äußeren Dinge abgeschlossen und geordnet sind, versuchen, den Kranken dazu zu führen, daß er auch innerlich seine Dinge ordnet und abschließt. Das geht nicht vom einen auf den anderen Augenblick, sondern bedarf eines behutsamen Anmarschweges. Man kann und darf nicht plötzlich und unvorbereitet mit dem Pfarrer in die Tür fallen. Der Seelsorger muß schon so rechtzeitig verständigt worden sein, daß er bereits einen oder zwei Krankenbesuche hat machen können, bevor es an die endgültige Vorbereitung zum Sterben geht. Man erniedrigt sonst den Seelsorger zum Totenvogel (der er nicht ist) und nimmt ihm die Möglichkeit, als wirklicher Helfer zu handeln. Der Pfarrer, den man Hals über Kopf nur eben schnell zum Sakrament holt, vielleicht sogar, ohne daß der Sterbende davon wußte, steht vor einer fast unlösbaren Aufgabe. Er kann zwar die vorgesehene amtliche Handlung vollziehen, aber er kann kaum irgendwie seelsorgerlich, brüderlich, christlich helfen. Das muß bedacht werden. Zur Lebensbeichte und zur Gesamtrechenschaft muß ein Sterbender langsam hingeführt werden. Er braucht dazu mehrere Tage Zeit. Nur dort, wo der Tod sehr rasch voranschreitet und der Sterbende das auch spürt, geht es ohne diese Zeitspanne. Deshalb sollte der Pfarrer schon ein paarmal dagewesen sein, und deshalb sollte man mehrmals den Sterbenden auffordern, sich auf Beichte und Generalabsolution einzustellen: So oft, bis er dazu bereit ist und selbst den Wunsch äußert.

Diesen Besuch des Pfarrers, der hierüber klar zu verständigen ist, soll man dem Sterbenden rechtzeitig, wenigstens eine Stunde vorher ankündigen. Man soll dann einen kleinen Tisch mit einer weißen Decke so bereitstellen, daß der Sterbende von seinem Lager aus darauf blicken kann. Zur Beichte muß man dann den Sterbenden mit dem Seelsorger unbedingt allein lassen und jede Störung fernhalten. Das heilige Mahl jedoch sollte die ganze Familie mit dem Sterbenden feiern. Es ist gut,

sich in der Familie vorher zu überlegen, welche Lieder man miteinander singen kann — vielleicht muß man sie vorher noch ein wenig üben? — und diese Lieder soll man dann dem Pfarrer sagen. Es soll ein richtiger Hausgottesdienst werden. Nicht nur für den Sterbenden, auch für die Angehörigen ist das eine große Hilfe. Klingen diese Lieder dann später im Trauergottesdienst wieder auf, so ist eine Brücke geschlagen über den Abgrund des Todes hinweg.
Nach diesem Gottesdienst im Haus soll man dem Sterbenden sehr viel stille Zeit lassen, um die Feier zu verarbeiten und sie betrachtend in sich hineinzuholen. Das dauert Stunden. Man wird dann merken, daß hernach alles verwandelt ist, daß eine deutliche Zäsur sich abzeichnet, hinter die es kein Zurück mehr gibt.

Sechste Station: In den nun noch folgenden Stunden oder Tagen soll man immer wieder dem Sterbenden aus der Heiligen Schrift vorlesen und Liedstrophen mit ihm beten. Es eignen sich hierzu besonders die Psalmen, die Sterbelieder des Gesangbuches, aber auch die Lob- und Danklieder und die Lieder vom Gottvertrauen. Soweit das irgend möglich ist, soll man die Lieder aus dem Gesangbuch vor dem Sterbenden auch *singen.* »Doppelt betet, wer singt«, das ist eine alte Erfahrung. Worte, die von einer Melodie getragen sind, gehen viel tiefer ein. Auch das eine oder andere Stück aus der Liturgie ist geeignet. Ich denke an eine alte Bäuerin, die ein paar Wochen vor ihrem Tod die ganze Nachbarschaft gebeten hat, sie möchten ihr doch noch einmal das »große Gloria« singen.

Wenn das Sterben sich über Tage oder Wochen hinzieht, so soll man regelmäßig am Morgen, am Mittag und zur Dämmerung derartige Gebetsminuten einschalten. Dabei darf am Anfang noch ziemliche Abwechslung sein. Mit der Zeit aber wird man sich auf diejenigen Psalmen, Lieder und Gebete beschränken, an denen der Sterbende eine besondere Anteilnahme bekundet, indem er mitspricht. Meist sind das Stücke, die er in der Jugendzeit einmal gelernt hat oder die ihm im Lauf seines Lebens bedeutsam geworden sind. Diese Stücke sagen ihm besonders viel und helfen ihm tiefgreifend. Man soll sich genau merken, was der Sterbende mitsprechen konnte. Denn je näher es an das Sterben geht, um so mehr muß man sich auf diese Stücke beschränken und muß sie immer wiederholen.

Dabei ist eines besonders wichtig: Man muß alle diese Stücke in dem Wortlaut bringen, den der Sterbende von seiner Jugend auf gewohnt war. Das sage ich deshalb, weil wir in den letzten Jahren ja nicht nur ein in mancherlei Hinsicht verändertes Gesangbuch, sondern auch die verschiedenartigsten neueren Bibelübersetzungen bekommen haben. Diese Revisionen des Wortlautes unseres Spruch- und Liedgutes waren notwendig und richtig, machen aber jetzt für eine Übergangszeit das Mitbeten schwer. Der Sterbende lernt keine neuen Worte in alten Zusammenhängen mehr. Er kehrt mit seinen Gedanken stets auf den ihm geläufigen Wortlaut zu-

rück. Darum hilft man ihm nur, wenn man diesen ihm geläufigen Wortlaut benützt. Das ist sehr zu beachten. Darum nehme man nicht irgendeine neuere Bibel oder ein neues Gesangbuch, sondern man verwende Bibel und Gesangbuch aus dem Besitz des Sterbenden. Dann ist man sicher, den richtigen Wortlaut zu treffen.
Ältere katholische Christen werden sich vor allen Dingen an den Rosenkranz und seine verschiedenen Formen halten. Es ist die Form des Betens, die sie ein Leben lang eingeübt haben und in der sie zu Hause sind. Das darf nicht gestört oder gar zerstört werden. Sterbezimmer sind keineswegs der Ort für pädagogische Maßnahmen theologischer Besserwisserei.

Siebte Station: In dem Maß nun, in dem es mit dem Sterbenden langsam zu Ende geht, soll man die Zahl der verschiedenen Bibelworte und Gebete langsam beschränken auf die wenigen Stellen und Sätze, die den Sterbenden bisher schon besonders angerührt haben, die er auswendig kann und mitzusprechen in der Lage ist. Es ist sehr häufig so, daß der Sterbende zwar keine Kraft mehr hat, die Worte mit klarer Stimme zu formen, daß er aber noch die Lippen regt, das eine oder andere einzelne Wort mitmurmelt oder wiederholt, und auf diese Weise mitspricht und »dabei ist«.
Man wird jetzt den Sterbenden nicht mehr für Stunden allein sich selbst überlassen, sondern wird ständig bei und um ihn sein — auch in der Nacht. Gegegebenenfalls muß man sich abwechseln. Es wäre aber grund-

falsch, hier pausenlos zu sprechen und zu beten. Man muß große Abstände völliger Stille einhalten. Liebevolles Zureden, menschliches Trösten und die Versicherung »Ich bin bei Dir« gehören ebenso hierher wie die Gebete.

Oft muß man sehr genau aufpassen, um noch feststellen zu können, was der Kranke haben will: Feuchtigkeit für die Lippen, Unterstützung zum Wenden des Kopfes oder eines Gliedes, Antwort auf eine Frage usw. Man darf sich da nicht ermüden lassen, auch nicht durch ständige Wiederholungen. Auch auf scheinbar banale Dinge muß man liebevoll eingehen. Aber man darf dem Sterbenden keine lange Abschweifung seiner Gedanken mehr gestatten. Man muß ihn immer wieder zur Sache, zum Sterben zurückrufen, indem man immer wieder aufs neue mit ihm zu beten beginnt.[17]

Achte Station: Wenn der Tod energisch zuzugreifen beginnt, so soll der Sterbende ein Bild des Gekreuzigten im Blickbereich haben und eine brennende Kerze sehen können. Ist es dann soweit, so soll man dem Sterbenden die Hand halten, ohne sie zu sehr zu drücken. Es ist auch gut, ihm die Hand auf die Stirn oder an die Schläfen zu legen; man soll ihn aber nicht streicheln! Nur die allernotwendigste Bewegung soll noch statthaben. Man lasse den Sterbenden ruhig liegen und spreche ihm mit ganz ruhiger Stimme zu. Man redet vom Licht, das kommen wird, und vom Hineingehen in das Licht. Dazu sagt man biblische Worte, die vom Licht handeln.

Neunte Station: Sobald Atem und Herz unregelmäßig zu gehen beginnen, gibt man dem Sterbenden unter Handauflegung den Sterbesegen, der auf Seite 124 zu finden ist. In kurzen Absätzen sagt man ihm dann noch die sogenannten Stoßgebete vor, die auf Seite 121 und 122 stehen. Dazwischen weist man immer wieder auf das Licht hin: Siehst Du das Licht? Halte Dich an das Licht! Gehe in das Licht! Das Licht kommt Dir entgegen! Schau nicht um!

Zehnte Station: Wer einen Sterbenden bis hierher begleitet hat, der spürt sehr deutlich, wann die entscheidende Todesminute beginnt. Man kann das nicht beschreiben, aber jeder fühlt das sehr deutlich. In dieser Minute haben nur die allerbekanntesten Gebete ihren Platz: Das Vaterunser und das Glaubensbekenntnis (in besonderen Fällen auch das Ave Maria). Nichts anderes mehr! Höchstens eins oder zwei der »Stoßgebete« kann man noch dazwischenschieben, sonst aber ist einfach das Vaterunser zu wiederholen. Hier muß man ganz deutlich, aber auch ganz ruhig sprechen, ohne Hast. Pausen werden nicht mehr gemacht. Dabei faltet man dem Sterbenden die Hände über der Brust. Über diesen gefalteten Händen, die man manchmal festhalten muß, läßt man seine eigne segnende Hand liegen. Unter diesen Gebeten und Handlungen soll dann der Tod eintreten und das Auge brechen.

Elfte Station: Auch was jetzt anschließend noch ge-

schieht, ist nicht bedeutungslos. Daß man dem Sterbenden die Augen zudrückt, weiß jeder. Man muß aber meist die Hände einige Zeit auf den Augen ruhen lassen, bis sie von selbst geschlossen bleiben. Auch jetzt soll man den Sterbenden nicht streicheln. Man soll aber noch etwas fortfahren zu beten, wozu auf Seite 125 Anleitung gegeben ist. Im übrigen muß man um peinlichste Stille besorgt sein. Eine etwa im Zimmer tickende Pendeluhr soll man anhalten, weil der Scheidende dies Tikken wie Hammerschläge empfindet.
Selbstverständlich darf man still weinen und seinen Tränen freien Lauf lassen. Aber jeden, der sich nicht beherrschen kann, der also laut weint oder gar schreit — von Schlimmerem gar nicht zu reden —, muß man liebevoll und trotzdem mit allem Nachdruck und unerbittlich hinausweisen. Denn jedes Geräusch, das noch irgendwie mit der Welt zu tun hat, lenkt den Scheidendenden ab und erschwert ihm den Übergang in das »klare Licht«, auch wenn es die Stimmen der nächsten Angehörigen sind. Ich sage das mit tiefem Ernst. Nicht umsonst hat Jesus die klagenden Frauen aus dem Sterbezimmer im Haus des Jairus schlichtweg hinausgeworfen (Mk 5,40). In der Regel jedoch schafft der Tod ohnedies und von selbst Schweigen im Raum.
Solange nun der Tote noch im Haus ist, soll und muß im Sterbezimmer möglichst Ruhe gehalten werden. Hier soll nichts mehr laut werden, was nicht Gebet ist. Alles übrige muß außerhalb des Sterbezimmers und bei geschlossener Tür besprochen werden. Es ist nicht notwen-

dig, eine Totenwache einzurichten. Die Sterbekerze läßt man brennen, bis sie von selbst verlischt und erneuert sie nicht. Dem Verstorbenen mag man Blumen oder noch besser ein Kreuz in die Hände drücken. Das weiße Sterbehemd sollte man ihm bei Lebzeiten noch angezogen haben. Es ist das Siegesgewand der Erlösten. Es ist die Wiederannahme des weißen Taufschleiers. In diesem weißen Gewand des Siegers treten Christen vor ihren Erlöser. Es beweist nur ein mangelndes Beheimatetsein im christlichen Glauben, wenn man dem Toten einen guten Anzug oder ein schwarzes Kleid anzieht, oft mit viel Mühe und Härte.

Damit sind wir beim letzten Punkt. Auch was als zwölfte Station noch folgt, ist nicht bedeutungslos. Der Arzt muß den Totenschein ausstellen. Der Sarg muß beschafft, die Bestattung geregelt werden. Die Feier der Aussegnung im Haus, wenn der Sarg abgeholt wird, und zu der man nicht nur die nächsten Angehörigen, sondern auch die Hausbewohner einlädt, hat ihre eigene Ordnung. Das gleiche gilt für die Bestattung, die Abkündigung und Fürbitte in der Kirche, die Gedenkminute im Verein und manch anderes mehr. Man soll diese Dinge nicht geringachten oder sie gar als »Totenkult« abtun.[18]

Es ist sinnvoll, eine Zeit des Gedenkens an den Toten einzurichten, in der man etwa seinen Stuhl am Tisch freiläßt, täglich den Friedhof besucht, oder zu Hause das Bild des Verstorbenen mit Blumen schmückt. Man soll ein solches Gedenken aber nicht über mehr als vierzig Tage ausdehnen. In diesen vierzig Tagen soll man alle Post erledigen, alles auflösen, was aufzulösen ist, den Grabstein setzen lassen und überhaupt nichts über den vierzigsten Tag hinaus verschleppen. Diese Frist ist nicht ohne Bedeutung. Uralte Weisheit redet davon, wie auch solche bewußte Begehung der vierzig Tage dem Toten noch hilfreich sei; wir können das nicht nachprüfen.

Mit dem vierzigsten Tag aber muß das Leben wieder in sein Recht eintreten. Da mag man sich noch einmal zu einem festlichen Essen versammeln, einen Gedenkgottesdienst halten oder sonst irgend etwas Abschließendes tun. Aber dann ist der Sterbeweg bis zum Ende abgeschritten, und es bleibt uns nichts mehr, wobei wir helfen könnten. Man mag dann noch einen Jahrestag einrichten oder etwas Ähnliches, aber das ist nicht mehr von Belang.

Es ist auch unnötig, länger als diese vierzig Tage die Trauerkleidung zu tragen. Alles, was darüber hinausgeht, ist weltliche Gepflogenheit. Wir brauchen als Christen damit nichts zu tun zu haben.

Der Tod Christi und das Sterben der Christen

Dominus regnabit de ligno.[19]

Immer wieder wird in den mittelalterlichen Sterbehilfen der Rat gegeben, man solle dem Sterbenden ein Bild des Gekreuzigten zeigen. Im vorigen Kapitel habe ich deshalb diesen Rat aufgenommen. Bekannt ist auch die Strophe aus dem Passionslied Paul Gerhardts:

Erscheine mir zum Schilde
zum Trost in meinem Tod
und laß mich sehn Dein Bilde
in Deiner Kreuzesnot.
Da will ich nach Dir blicken,
da will ich glaubensvoll
Dich fest an mein Herz drücken:
Wer so stirbt, der stirbt wohl.

Warum ist das Bild des sterbenden Jesus eine Hilfe im Sterben? Es ist doch genaugenommen ein besonders gräßliches Sterben, was ein Kruzifix uns vor Augen stellt. Wieso kann dieses Martyrium hilfreich sein? Und ist nicht der sterbende Jesus ein ganz andrer als wir Menschen; muß man nicht annehmen, daß es sich als Gottessohn, mit dem festen Wissen der Auferstehung vor Augen, ganz anders stirbt? Schließlich: Was hilft es

mir, daß ein anderer gestorben ist, und sei es selbst Jesus, der Christus, wenn es um meinen eigenen Tod und mein eigenes Sterben geht? Muß ich damit nicht ganz allein fertig werden?
Wir wollen uns abschließend noch diesen Fragen zuwenden. Es geht uns also hier um den Zusammenhang zwischen dem Tod Christi und dem Sterben der Christen.
Dabei muß eines gleich von vorneherein gesagt werden: Es ist *nicht* richtig, wenn man meint, der Tod Jesu sei qualitativ etwas völlig anderes gewesen als sonstiges menschliches Sterben. Sein Verzweiflungsruf am Kreuz zeigt allzu deutlich, daß er in die letzte Todesverzweiflung und Todesangst hineingeführt worden ist und daß er ohne die Gewißheit einer Auferstehung starb, die Rückkehr in das menschliche Leben bedeutet hätte. Auch darin mußte er ganz und gar Mensch werden, indem er einen menschlichen Tod erlitt. Auch in dieser Beziehung ist er »unser Bruder« geworden und mußte »uns in allen Dingen gleich werden« (vgl. Hebr 2,17). So ist sein Tod ein Menschentod, wie wir alle ihn sterben müssen.

Aber, und dies ist das erste, er stirbt *unschuldig*. Unter allen, die je gelebt haben, ist er der letzte, der den Tod verdient hätte. Denn durch ihn leuchtete schon auf Erden die Vollkommenheit Gottes auf.
Das können wir von uns nicht behaupten. Wir sind unvollkommen, auch im besten Leben. So wie wir sind, taugen wir nicht für Gottes Reich. Bis in unsere letzten

Stunden hinein bleiben wir voller Sehnsucht und Hoffnung, voll Unerfülltheit, sind beladen mit Schuld, Versagen und Sünde. Haß, Neid und Mißgunst wohnen in unseren Herzen. Selbst das jämmerlichste, kümmerlichste Leben lieben wir noch mehr als das Licht; wir klammern uns daran und hängen an diesem Leben, als wäre es das vollkommenste, höchste Gut. Wenn wir dann sterben müssen, so hadern wir und unsere Angehörigen mit dem Schicksal. Dann wehren wir uns dagegen und sagen: Warum muß *ich* sterben, womit habe *ich* das verdient? — obwohl wir wissen, wie töricht das ist. Der Blick auf das Bild des Gekreuzigten kann uns dazu helfen, daß er uns frei macht von solchem Hadern mit dem Schicksal und uns deshalb gelassener und ruhiger sterben läßt. Denn wenn schon der unschuldige Jesus, der vollkommene Gottesmensch Christus, Tod und Sterben erleiden muß und dies auf sich nimmt; wenn schon ihm das nicht erspart bleibt, wieviel weniger können wir erwarten, daß uns der Tod erspart bleibt und an uns vorübergeht. So kann sein unschuldiges Sterben uns schuldigen Menschen das Sterben erleichtern. Dazu dient der Blick auf den Gekreuzigten.

Sodann, das ist das Zweite, sehen wir Jesus am Kreuz *unter Schmerzen* sterben.

Die Kreuzigung ist eine der grausamsten Todesarten, die eine perverse menschliche Phantasie sich ausgedacht hat. Dieser Tod ist in hohem Maß qualvoll. Mit ausgespannten Gliedern, an hölzerne Balken angenagelt, bewegungsunfähig, nackt ausgezogen den unbarmherzigen Sonnenstrahlen des Orients und den Fliegen preisgegeben zu sein und so, während in den Gelenken das Blut stockt, mit völlig wachen Sinnen stundenlang auf das endgültige Versagen von Herz und Kreislauf warten zu müssen, ist furchtbar. Das Kreuz ist wirklich ein Marterpfahl. Die Maler vergangener und gegenwärtiger Zeiten sind durchaus im Recht: Es gibt an diesem Bild nichts Erfreuliches, Schönes, Triumphierendes zu betrachten. Was hier geschieht, ist abstoßend und häßlich. Es muß einem die Gänsehaut über den Rücken jagen.

Er aber, der Gekreuzigte, leidet diese Schmerzen geduldig. Wohl ruft er einmal: »Ich bin durstig«, wohl stirbt er zum Schluß mit einem unartikulierten Schmerzensschrei (so jedenfalls beschreibt es der Evangelist Markus). Aber er duldet all diese Schmerzen. Er verarbeitet und bewältigt sie. Er nimmt sie hin, trägt und erträgt sie, und er läßt sich von ihnen überwältigen. Er läßt sich durchglühen und schmieden von dem Feuer und den Schlägen des Leidens.

Dieses Bild des geduldig Leidenden, Schmerzen ertragenden Christus kann und will uns helfen, daß wir selbst die Leiden und Schmerzen ertragen, die das Sterben häufig begleiten. Wir leiden nur an uns selbst; er leidet für uns und um uns. Die Schmerzen, die wir erdulden, sind ihm nicht unbekannt, denn er selbst hat sie erduldet. Unsere Qualen hat er erlitten. »Er trug unsere Krankheit und lud auf sich unsere Schmerzen« sagt der

Prophet Jesaja im 53. Kapitel. Und der Hebräerbrief ergänzt: »Wir haben ja nicht einen Hohenpriester, der nicht mit uns leiden könnte in unseren Schwächen, sondern einen, der wie wir versucht worden ist, aber nicht gesündigt hat« (Hebr 4,15).

Gott schaut uns nicht ungerührt zu, wie wir uns unter Schmerzen krümmen, sondern leidet mit uns, in uns. Der Blick auf den Gekreuzigten kann uns deshalb, wenn wir auf unserem Sterbebett Leiden und Schmerzen erdulden müssen, das Ertragen erleichtern und uns dazu verhelfen, daß wir uns geduldig, ruhig und zuversichtlich dem ausliefern. So wird es leichter zu leiden. Abwehr mit all ihrer Anspannung läßt ja zumeist die Schmerzen nur stärker werden.

Eine dritte Dimension tut sich auf: Der unschuldig und unter Schmerzen dahinsterbende Christus leidet und stirbt *betend*. Alle vier Evangelisten wissen davon zu berichten.

Bei Markus und Matthäus ist es der 22. Psalm, den Jesus betet und der mit den Worten beginnt: »Mein Gott, mein Gott, warum hast Du mich verlassen, bist fern meinem Schreien, den Worten meiner Klage?« Wir gehen fehl, wenn wir bei den Anfangsworten stehenbleiben, die von den Evangelisten zitiert werden, und folglich hier ein Wort letzter Verzweiflung an Gott heraushören. Dieser Psalm ist eines der klassischen Sterbegebete des Judentums gewesen. Er ist ein Lied des Vertrauens.

Lukas zitiert stattdessen den 31. Psalm mit dem Vers: »Vater, in Deine Hände lege ich meinen Geist«. Auch dieser Psalm ist ein Lied des Vertrauens und gehört zu den gewohnten Abend- und Sterbegebeten des frommen Juden zur Zeit Jesu.

Im Johannesevangelium ist es kein Psalm, was Jesus betet, sondern das große Gebet zum jüdischen Sabbat mit seinem Rückblick auf die vollendete Schöpfung: »Es ist vollbracht«.

So sind sich alle vier Evangelisten darüber einig, daß Jesus am Kreuz sterbend gebetet hat und daß er aus dem klassischen Schatz der Gebete seines Volkes gebetet hat. Er ist nicht der Verzweifelte, der, von allen Menschen und auch von Gott im Stich gelassen, diese seine äußerste Verlassenheit anklagend hinausschreit, sondern er ist der, der gerade aus solcher Verlassenheit heraus sich betend und rufend an Gott um Hilfe wendet. Nicht Verzweiflung, sondern äußerstes und letztes Vertrauen ist es, was uns aus den Sterbeworten Jesu entgegenklingt. Nicht der Vorwurf wird hier laut, der Gott zum Lügner macht, weil er ihn verlassen hätte, sondern hier spricht das Dennoch des Glaubens, der sich jetzt und nun erst recht an Gott klammert und ihn nicht mehr losläßt. Erst hier steigt ja Gebet zu seiner letzten Höhe auf, wo es zu einem Kampf mit Gott wird, zu einem Ringen um Rettung und Hilfe, weil ER Rettung und Hilfe zugesagt hat: »Ich lasse dich nicht, du segnest mich denn!« (Gen 32,26—27).

In dieser Weise sollen und dürfen auch wir sterbend im

Gebet mit Gott kämpfen und ringen. Gerade jetzt gilt es ja, Ihn nicht loszulassen, sondern erst recht sich festzuhalten an Ihm, der allein durch den Tod hindurch zu retten vermag. Der Blick auf den Gekreuzigten soll uns den Mut und die Stärke geben, ebenso wie der Gekreuzigte betend zu ringen. Es ist keine Anmaßung, sondern es ist gerade erst wirklicher Glaube, wenn wir es wagen, in unserer Todesstunde ebendieselben Worte zu beten, die Jesus gebraucht hat. Der zweiundzwanzigste und der einunddreißigste Psalm gehören auch zu *unseren* Sterbegebeten. »In Deine Hände lege ich meinen Geist« — so betet der sterbende Jesus und der todwunde Stephanus, und so steht diese Bitte im täglichen Nachtgebet, das Benedikt von Nursia seinen Mönchen geschaffen hat: durch tägliche Übung sollte ihnen dieser Satz derart zum festen Besitz werden, daß er ihnen auch in der Sterbestunde zur Verfügung stehen konnte. Im Aufblick zu Christus, der am Kreuz betend stirbt, können wir die Kraft gewinnen, selbst betend zu sterben.

Ein Viertes ist zu sagen: Mit dem Wort »Sterben« ist es etwas merkwürdig bestellt, jedenfalls in der deutschen Sprache. Es ist ein Tätigkeitswort und legt deshalb den Gedanken nahe, daß unser Sterben ein Tun sei, dessen Verrichtung wir selbst in der Hand hätten. In der Tat aber ist es gar nicht so. Unsern Tod verrichten wir nicht, sondern er überkommt und überwältigt uns — wir können ihn nur erleiden. Das Wort »Sterben« müßte demnach eigentlich (so wie etwa im Lateinischen) ein Passiv sein.

Aber nun ist das Seltsame dies, daß das Wort »Sterben«, auf Jesus am Kreuz angewendet, wirklich in der Aktivform zutrifft. Insbesondere im Johannesevangelium wird die Passion Jesu so geschildert, daß der sterbende Jesus von seiner Gefangennahme an bis zum letzten Augenblick die Fäden des Geschehens in seiner regierenden Hand behält: auch beim Verhör, auch bei der Verurteilung, auch am Kreuz. In jedem Augenblick bleibt Er der Herr des Geschehens. Alle handelnden Personen gehorchen letzten Endes nur Seinem und Gottes Willen. So stirbt er denn mit dem Schöpfungswort auf den Lippen: »Es ist vollbracht.« Es ist, als hätte Gott eine neue Schöpfung vollendet. Es ist, als wäre der endgültige Sieg erfochten.

So soll das aber auch verstanden werden! Von diesem Augenblick an ist der Neue Bund geschlossen und der Alte Bund ist unwiderruflich zum alten, zum überholten und abgetanen Bund geworden: Der Vorhang im Tempel zerreißt, der Zugang zum Heiligtum ist geöffnet. Der achte Schöpfungstag ist angebrochen. Der Tod ist nicht mehr Niederlage, sondern Sieg. Die Pforten des Totenreiches sind verschlossen, der Himmel ist aufgetan. Hinfort soll jeder, der in Christus und mit Christus stirbt, durch den Tod zum Leben dringen und in die ewige Klarheit Gottes eingehen.

Der Blick auf das Bild des Gekreuzigten will uns an diesen Sieg erinnern. So können wir die Angst loswerden, es sei mit dem Tode alles aus und vorbei. So können wir die Erwartung nähren, daß auch unser Sterben zum Sieg wird, daß auch wir »durch Leiden und Kreuz zur Glorie der Auferstehung gelangen«, wie es im Angelusgebet heißt. Sein Bild ist uns ein stets gegenwärtiger, lebendiger Hinweis darauf, daß unser Sterben ein Durchgang ist, daß es durch die Nacht zum Licht geht, daß Sterben ein Geborenwerden bedeutet.

Noch ein Letztes. — Weil Jesus als Sieger stirbt, darum bewegt sein Sterben die Welt. Besonders im Matthäusevangelium wird geschildert, wie Sonne und Mond ihren Schein verlieren, wie die Erde erbebt, wie die Gräber sich auftun usw. Das Geschehen auf Golgota ergreift den Kosmos: solche Kraft hat Sein Tod, solche Wirkungen gehen davon aus. Golgota ist keine Katastrophe, sondern eine Gottestat. Diese Gottestat verpufft nicht wirkungslos ins Leere, sondern wirkt fort durch die Zeiten und Jahrhunderte. Glaube breitet sich aus von diesem Kreuz: Noch heute wird der Schächer mit Ihm im Paradiese sein. Der römische Hauptmann aber bekennt: »Wahrhaftig, dieser Mensch war Gottes Sohn« und formuliert damit das erste Glaubensbekenntnis eines Heiden. Warum sollten wir weniger von dieser Gottestat erwarten als ein römischer Henkersknecht?
Diese Gottestat ist auch zu unserer Rettung geschehen. Auch unser Tod soll in Seinem Tod geborgen sein. Auch wir werden, wenn wir mit Ihm sterben, ebenso wie der Schächer am gleichen Tag mit Ihm »im Paradies sein«.

Leiden wird aufhören. Zeit wird enden. Finsternis wird weichen und wir werden in das klare Licht eingehen, in die ewige Freude und Vollkommenheit. Auch daran erinnert uns das Bild des Gekreuzigten, und deshalb wollen und sollen wir es im Sterben vor Augen haben. Es ist das Zeichen unserer Hoffnung, unserer Zuversicht und unseres Glaubens. Es ist das Unterpfand unserer Vollendung.[20]

Wenn es also um uns her Nacht wird, wenn wir »wandern in finsterer Schlucht«, wenn unsere Kräfte brechen und unser Atem schwer geht, wenn wir alles dahingeben und loslassen müssen, was wir gewesen sind und was wir gehabt haben, wenn für uns »die Nacht kommt, in der niemand mehr wirken kann« und unser Auge bricht, dann möge das Bild des gekreuzigten Christus uns begleiten durch die Schlucht des Todes, und es möge bei uns sein in den Stunden der Finsternis, bis wir erwachen zum Anschauen Seiner ewigen Herrlichkeit und »satt werden an Seinem Bilde« (vgl. Psalm 17,15).
Sein Kreuz ist unser Heil.

Texte zu Betrachtung und Gebet

Letzte Worte bedeutender Menschen

MOSE

Ich habe euch Leben und Tod, Segen und Fluch vorgelegt, daß ihr den Herrn, euren Gott, liebet.

SOKRATES

zu seiner weinenden Frau:
Wäre es dir lieber, mich schuldig sterben zu sehen?
zu seinen Freunden:
Wir sind dem Asklepios einen Hahn schuldig. Spendet ihn und versäumt es nicht!

KAISER AUGUSTUS

Habe ich meine Rolle gut gespielt?
Nun, so klatscht Beifall, denn die Komödie ist zu Ende.

JESUS

Es ist vollbracht.

STEPHANUS

Herr, behalte ihnen diese Sünde nicht!

PAULUS

Christus ist mein Leben, und Sterben ist mein Gewinn. Ich vergesse, was dahinten ist, und strecke mich aus zu dem, was da vorne ist.

IGNATIUS MARTYR

Der Tag meiner Geburt steht mir bevor. Hindert mich nicht zu leben, indem ihr mich zu sterben hindert!

KOLUMBAN

Unser ganzes Leben ist wie die Wanderschaft durch einen Tag. Das Ziel ist im Himmel, wo der Vater ist.

BERNHARD VON CLAIRVAUX

Liebe, Demut, Geduld ...

THOMAS VON AQUIN

Er wird mich das wahre Licht und die Quelle des Lebens schauen lassen.

MARTIN LUTHER

Wir sind Bettler, das ist wahr!

PHILLIPP MELANCHTHON

Du wirst von Sünden scheiden und jene wunderbaren Geheimnisse lernen, die du in diesem Leben nicht hast verstehen können.

THERESE VON AVILA

Nichts verwirre dich, nichts erschrecke dich. Alles geht vorüber: Gott ändert sich nicht. Die Geduld erreicht alles. Wer Gott besitzt, dem mangelt nichts. Gott allein genügt.

PASCAL

nach dem Empfang des Sakramentes
Gott möge mich nie mehr verlassen!

JOHANN SEBASTIAN BACH

Sollte ich daran zweifeln, einzugehn in die ewigen Hütten?

GRAF VON ZINZENDORF

Welch stattliche Karawane steht schon um das Lamm herum aus unserer Gemeine. Ich bin fertig ... ich bin dem Willen meines Herrn ganz ergeben ...

GEHARD TEERSTEGEN

O du armer und unansehnlicher Lazarus! Doch schämen sich die heiligen Engel nicht, dich anzupacken.

GOETHE

Mehr Licht ...

DOSTOJEWSKI

Halte mich nicht auf!

ADOLF STOECKER

Weniger arbeiten und mehr beten ...

ANONYM

ein russischer Bischof zum Erschießungskommando:
Lebt wohl, ihr Toten, ich gehe zu den Lebendigen.

Psalmen

Herr, strafe mich nicht in deinem Zorn,
  und züchtige mich nicht in deinem Grimm!
Sei mir gnädig, Herr, ich sieche dahin,
  heile mich, Herr, denn meine Glieder zerfallen!
Meine Seele ist tief verstört.
  Du aber, Herr, wie lange säumst du noch?
Wende dich, Herr, mir zu und errette mich,
  in deiner Huld bring mir Hilfe!
Denn bei den Toten denkt niemand mehr an dich;
  wer in der Unterwelt wird dich noch preisen?
Vom Seufzen bin ich erschöpft,
  jede Nacht benetze ich weinend mein Bett,
  überschwemme mein Lager mit Tränen.
Getrübt ist mein Auge vor Kummer,
  gealtert bin ich wegen all meiner Gegner.
Weicht zurück von mir, all ihr Frevler,
  denn der Herr hat mein lautes Weinen gehört.
Gehört hat der Herr mein Flehen,
  der Herr nimmt mein Beten an.
In Schmach und Verstörung fallen all meine Feinde,
  sie müssen weichen und zugrunde gehn im Nu!

(Psalm 6)

* * *

Wie lange noch, Herr, vergißt du mich ganz?
Wie lange noch darf mein Feind über mich
triumphieren?
Wie lange noch muß ich Schmerzen tragen in meiner
Kummer im Herzen Tag um Tag? [Seele,
Wie lange noch darf mein Feind über mich
triumphieren?
Blick doch her, erhör mich, Herr, mein Gott,
mach hell meine Augen, daß ich nicht entschlafe und
sterbe,
daß mein Feind sich nicht rühme: »Ich habe ihn
überwältigt«,
daß meine Widersacher nicht jubeln, weil ich erlegen
Ich aber baue auf deine Huld [bin.
Mein Herz frohlocke über deine Hilfe!
Singen will ich dem Herrn,
er hat Gutes an mir getan.

(Psalm 13)

* * *

Der Herr ist mein Hirte,
nichts wird mir fehlen.
Er läßt mich lagern auf grünen Auen,
zum Ruheplatz am Wasser führt er mich.
Er stillt mein Verlangen;
er leitet mich auf rechten Pfaden
in der Kraft seines Namens.

Muß ich auch wandern in finsterer Schlucht,
ich fürchte kein Unheil;
denn du bist bei mir,
dein Stab und dein Stock geben mir Zuversicht.
Du deckst mir den Tisch im Angesicht meiner Feinde.
Du salbst mein Haupt mit Öl,
du füllst mir reichlich den Becher.
Nur Güte und Huld werden mir folgen mein Leben
lang;
und wohnen darf ich im Hause des Herrn für lange
Zeit.
(Psalm 23)

* * *

Herr, strafe mich nicht in deinem Zorn,
und züchtige mich nicht in deinem Grimm!
Denn deine Pfeile haben mich getroffen,
deine Hand lastet schwer auf mir.
Nichts blieb gesund an meinem Leib, weil du mir grollst,
weil ich gesündigt, blieb an meinen Gliedern nichts
Denn meine Sünden schlagen mir über dem Kopf [heil.
[zusammen,
sie erdrücken mich wie eine schwere Last.
Mir schwären, mir eitern die Wunden
wegen all meiner Torheit.
Ich bin gekrümmt und tief gebeugt,
den ganzen Tag geh ich traurig einher.

Denn meine Lenden sind voller Brand,
  nichts blieb gesund an meinem Leib.
Kraftlos bin ich und ganz zerschlagen,
  ich schreie in der Qual meines Herzens.
All mein Sehnen, Herr, liegt offen vor dir,
  mein Seufzen ist dir nicht verborgen.
Mein Herz pocht heftig, mich hat die Kraft verlassen,
  geschwunden ist mir das Licht der Augen.
Freunde und Gefährten bleiben in meinem Unglück mir
  und meine Nächsten meiden mich. [fern,
Die mir nach dem Leben trachten, legen mir Schlingen;
die mein Unheil suchen, planen Verderben,
  sie sinnen auf Arglist den ganzen Tag.
Ich bin wie ein Tauber, der nicht hört,
  wie ein Stummer, der den Mund nicht auftut.
Ich bin wie einer, der nicht mehr hören kann,
  in dessen Mund es keine Entgegnung gibt.
Doch auf dich, Herr, harre ich,
  du wirst mich erhören, Herr, mein Gott.
Denn ich sage: »Daß über mich nur die sich nicht freuen,
  die gegen mich großtun, wenn meine Füße
Ich bin dem Fallen nahe, [straucheln!«
  mein Leid steht mir immer vor Augen.
Ja, ich bekenne meine Schuld,
  bin wegen meiner Sünde in Angst.
Die ohne Grund mich befehden, sind stark,
  viele hassen mich um nichts.
Sie vergelten mir Gutes mit Bösem,
  sie sind mir feind, weil ich nach dem Guten trachte.

Verlaß mich nicht, Herr,
  bleib mir nicht ferne, mein Gott!
  Eile mir zu helfen, Herr, du mein Heil!

(Psalm 38)

* * *

Ich rufe zu Gott, ich schreie,
  ich rufe zu Gott, daß er mich hört.
Am Tag meiner Not suche ich den Herrn;
  unablässig erhebe ich nachts meine Hände,
  meine Seele läßt sich nicht trösten.
Denk ich an Gott, muß ich seufzen;
  sinne ich nach, will mein Geist verzagen.
Du läßt mich nicht mehr schlafen;
  voll Unruhe bin ich und kann nicht reden.
Ich bedenke die Tage von einst,
  will denken an längst vergangene Jahre.
Mein Herz grübelt des Nachts,
  ich sinne nach, es forscht mein Geist.
Wird denn der Herr mich auf ewig verstoßen,
  mir niemals mehr gnädig sein?
Nimmt seine Huld für immer ein Ende,
  ist aufgehoben seine Verheißung für alle Zeiten?
Hat Gott seine Gnade vergessen,
  in Zorn sein Erbarmen verschlossen?
Da sagte ich mir: »Das ist mein Schmerz,
  daß die Rechte des Höchsten so anders handelt.«
Ich denke an die Taten des Herrn,
  will denken an deine früheren Wunder.

Ich erwäge all deine Werke,
will nachsinnen über deine Taten.
Gott, dein Weg ist heilig!
Wo ist ein Gott, so groß wie unser Gott?
Du allein bist der Gott, der Wunder tut,
du hast deine Macht den Völkern kundgetan.
Du hast mit starkem Arm dein Volk erlöst,
die Kinder Jakobs und Josefs.

(Psalm 77,1—16)

* * *

Ich hebe meine Augen auf zu den Bergen:
Woher kommt mir Hilfe?
Meine Hilfe kommt vom Herrn,
der Himmel und Erde gemacht hat.
Er läßt deinen Fuß nicht wanken;
der dich behütet, schläft nicht.
Nein, der Hüter Israels
schläft und schlummert nicht.
Der Herr ist dein Hüter, der Herr gibt dir Schatten,
er steht dir zur Seite:
Bei Tag wird dir die Sonne nicht schaden,
der Mond nicht in der Nacht.
Der Herr behüte dich vor allem Bösen,
er behüte dein Leben.
Der Herr behüte dich, wenn du fortgehst und wieder-
von nun an bis in Ewigkeit. [kommst,

(Psalm 121)

* * *

Aus der Tiefe rufe ich, Herr, zu dir:
  höre, o Herr, meine Stimme!
Laß deine Ohren merken
  auf mein lautes Flehen!
Wolltest du, Herr, auf Sünden achten,
  Herr, wer könnte bestehn?
Doch bei dir ist Vergebung,
  daß man in Ehrfurcht dir diene!
Ich hoffe auf den Herrn, es hofft meine Seele,
  ich harre auf sein Wort.
Meine Seele wartet auf den Herrn
  mehr als die Wächter auf den Morgen.
Mehr als die Wächter auf den Morgen
  soll Israel harren auf den Herrn!
Denn beim Herrn ist die Huld,
  bei ihm Erlösung in Fülle.
Ja, er wird Israel erlösen
  von all seinen Sünden.

(Psalm 130)

* * *

Biblische Worte vom Licht

Der Herr ist mein Licht und mein Heil.

Christus spricht: Ich bin das Licht der Welt. Wer mir nachfolgt, wird nicht in Finsternis gehen, sondern er wird das Licht des Lebens haben.

Bei dem Herrn ist die Klarheit.

Das Licht leuchtet in der Finsternis.

Mache dich auf, werde Licht, denn dein Licht kommt; denn die Herrlichkeit des Herren gehet auf über dir.

Muß ich auch wandern in finsterer Schlucht, ich fürchte kein Unheil, denn DU bist bei mir; Dein Stab und dein Stock geben mir Zuversicht.

Laßt uns ablegen die Werke der Finsternis und anlegen die Waffen des Lichts.

Wach auf, Schläfer, und steh auf von den Toten, und Christus wird dein Licht sein.

Ich weiß, daß mein Erlöser lebt; und meine Augen werden Ihn schauen.

Dein Wort ist meinem Fuß eine Leuchte, für meine Pfade ein Licht.

Solange ihr das Licht habt, glaubt an das Licht, damit ihr Kinder des Lichtes werdet.

Gott der Herr sprach: Es werde Licht! — Und es ward Licht.

Licht ist Dein Kleid, Herr, das Du anhast.

Stoßgebete

Herr Jesus, Dir leb ich. Herr Jesus, Dir sterb ich. Mache mich selig.

In Deine Hände, Herr Gott, befehle ich meinen Geist. Du, Herr, hast mich erlöst, Du treuer Gott. Dir befehle ich meinen Geist.

Herr, nun lässest Du Deinen Diener im Frieden fahren, wie Du gesagt hast; denn meine Augen haben Deinen Heiland gesehen.

Es ist genug. So nimm nun, Herr mein Leben von mir. Ich bin nicht besser als meine Väter.

Verwirf mich nicht von Deinem Angesicht und nimm Deinen heiligen Geist nicht von mir.

Ich habe Lust abzuscheiden und bei Christus zu sein.

Ich vertraue des Herrn Güte zu schauen im Lande des Lebens.

Herr Jesu, nimm meinen Geist auf!

Amen, ja komm, Herr Jesu! Amen.

Herr, sei mit mir; verlaß mich nicht in meiner letzten Not!

Herr erbarme Dich. Christus erbarme dich. Herr erbarme Dich.

Sterbegebete

Zur Vorbereitung:

Herr, mein Heiland. Du hast am Kreuz Deinen Peinigern vergeben. Hilf jetzt auch mir, daß ich allen Menschen von Herzen verzeihe und so im Frieden sterben kann. Laß mich in Deiner Liebe geborgen sein und mache mein Herz frei von allen bösen, lieblosen Gedanken. Komm mir entgegen im finsteren Todestal und laß mich Dein Licht und Dein Heil schauen. Amen.

Herr, mein Heiland. Dir gehöre ich seit meiner Taufe. Mit Deinem Kreuzestod bin ich durch meine Taufe verbunden. Nun laß mich auch mit Dir auferstehen zum ewigen Leben. Vergib mir alle meine Schuld und tue mir das reine Gewand Deiner Unschuld an. Laß mich eingehen zum himmlischen Freudenmahl. Erhalte mein Herz in allen Ängsten und laß mich nicht versinken in der Not des bitteren Todes. Vertritt Du meinen schwachen Geist. Halte mich fest an Deiner Hand. Amen.

Fürbitte, wenn der Sterbende schon zu schwach ist:
Herr Jesus Christus. Siehe diesen Deinen Diener gnädig an. Er weiß in der Schwachheit seines Leibes und Geistes nicht mehr, was er sagt und tut. Seine Kraft reicht nicht mehr aus, um zu beten. Wir bitten Dich für ihn:

Dein heiliger Geist möge ihm beistehen und seiner Schwachheit helfen. Nimm sein Seufzen und Stöhnen auf. Sei ihm gnädig und vergib ihm alle seine Schuld. Durch Dein eigenes bitteres Leiden hilf ihm zur Gemeinschaft der Seligen im Licht. Wir bitten Dich um Deines ewigen Erbarmens willen. Amen.

Sterbesegen (unter Handauflegung zu beten):

In den evangelischen Kirchen kann einer der Anwesenden diesen Sterbesegen beten. In der katholischen Kirche gibt es einen besonderen Sterbesegen, der dem Priester vorbehalten ist.

Ziehe hin aus dieser Welt im Namen des Vaters, der dich zu Seinem Kind gemacht hat; im Namen des Sohnes, der dich durch Sein teures Blut erlöst hat; im Namen des heiligen Geistes, der dich in aller Not tröstet und in das ewige Leben geleitet. Ziehe hin und schaue in Herrlichkeit, was du in Schwachheit geglaubt hast. Der dreieinige Gott segne und behüte *(hier macht man das Kreuzeszeichen über der Stirn des Sterbenden)* deinen Ausgang und Eingang jetzt und in Ewigkeit. Amen.

— In die Hände des allmächtigen Gottes befehle ich dich, daß ER dich aufnehme in Seine ewige Ruhe. Kehre zurück zu deinem Schöpfer und ruhe von deinen Werken. Der Chor der Engel eile dir entgegen, die Schar der Apostel und Märtyrer nehme dich auf in ihre Mitte. So ziehe hin zum Berg Zion, zur Stadt des lebendigen Gottes, zum himmlischen Jerusalem. Die Geister der Finsternis mögen von dir weichen, daß dir nichts Übles widerfahre. Christus bewahre dich vor der ewigen Qual.

Christus behüte dich vor dem ewigen Tode. Christus trete für dich ein im Gericht. Der gute Hirte nehme dich auf in Seine Herde. Er lasse dich Sein Antlitz schauen. Er führe dich aus der Nacht dieser Zeit in das Licht Seines ewigen Tages. — Der Herr segne dich und behüte dich. Der Herr lasse Sein Angesicht leuchten über dir und sei dir gnädig. Der Herr erhebe sein Angesicht über dich und gebe dir Frieden. Amen.

Nach dem Verscheiden:

Herr, gib ihm die ewige Ruhe, und das ewige Licht leuchte ihm; Herr, laß ihn ruhen im Frieden. Amen.
Wir befehlen Dir, Herr, diesen Entschlafenen. Erwecke ihn zum Leben in Deinem Licht. Was immer er aus menschlicher Schwachheit in der Zeit seines Lebens gesündigt hat, das wollest Du austilgen in Deiner großen Barmherzigkeit. Durch Christus, unsern Herrn. Amen.
Ins Paradies geleite dich der Engel Chor. Bei deiner Heimkehr nehme dich auf der Märtyrer Schar, und sie führe dich heim in die heilige Stadt Jerusalem. Der Chor der Engel nehme dich auf, und mit Lazarus dem weiland Armen gebe dir Gott den ewigen Frieden.
Herr erbarme Dich unser. Christus erbarme Dich unser. Herr erbarme Dich unser. Amen.

Das Gebet des Herrn:

Vater unser im Himmel.
Geheiligt werde Dein Name.
Dein Reich komme.
Dein Wille geschehe, wie im Himmel, so auf Erden.
Unser tägliches Brot gib uns heute
Und vergib uns unsere Schuld,
wie auch wir vergeben unsern Schuldigern.
Und führe uns nicht in Versuchung
Sondern erlöse uns von dem Bösen.
Denn Dein ist das Reich und die Kraft und die Herrlichkeit in Ewigkeit. Amen.

Anmerkungen

[1] Die mittelalterliche »ars moriendi«, seit dem Ende des 14. Jahrhunderts nachweisbar, vielfach ergänzt und überarbeitet, ist in lateinischer, französischer, englischer und deutscher Sprache bis ins 18. Jahrhundert hinein immer wieder gedruckt worden. Es verdiente eine eigene Untersuchung, aus welchem Jahr und von welchem Ort ein durch Vergleich zu ermittelnder Urtext stammt. Doch ist das hier nicht von Interesse. Das tibetanische Totenbuch ist von W. Y. Evans-Wentz herausgegeben und liegt in deutscher Ausgabe beim Walter-Verlag, Olten und Freiburg vor. Ich habe die vierte und die achte Auflage verwendet. Texte und Bilder des ägyptischen Totenbuches waren mir nur in Form von Zitaten und Beschreibungen in der Sekundärliteratur zugänglich. Verwendet wurden ferner ältere und neuere Handreichungen zur Seelsorge an Sterbenden, sowohl katholischer als auch evangelischer Herkunft, insbesondere die amtlichen Agenden. Sonstige pastoraltheologische Literatur aufzuzählen, bin ich nicht in der Lage, da ich meine Lektüre nicht karteimäßig festzuhalten pflege. So weiß ich beim besten Willen nicht von jeder Einzelheit, wo ich sie — z. T. vor Jahren — einmal gelesen habe.

[2] Der Satz *mortis meditatio vita* läßt sich praktisch nicht übersetzen. *Meditari,* ein Deponens, bezeichnet einen Vorgang im geistigen Bereich des Menschen, der vom rational-abstrakten Denken, das logischen Gesetzen ein-

schließlich der Grammatik folgt, zu scheiden ist. In der Bewußtseinsschicht, wo das eidetische Denken zu Hause ist, werden Erscheinungen, Bilder, Gestalthaftes zueinander in Beziehung gesetzt und auf die eigene Sinnmitte dessen bezogen, der sich diesem Geschehen hingibt, sich davon erfassen läßt. Dies ist das Wesen der »Meditation«. — Der Satz will sagen: Der Tod ist jene Sinnmitte, von der das Leben zeugt; dadurch werden Leben und Tod verwandelt und erweisen in ihrer polaren Gegensätzlichkeit ihre tiefe Zusammengehörigkeit: Tod ist die Meditation des Lebens.

[3] Hermann Kasack, Die Stadt hinter dem Strom, Roman, 1946; Ausgabe Suhrkamp 1956 Seite 468.

[4] Man denke einmal folgendem interessanten Phänomen nach: In der lateinischen Sprache sagt man für »danken« *gratiam referre;* das heißt, ganz streng übersetzt: die Wohltat, die Gnade wieder zurückbringen!

[5] Ringelnatz, Joachim: Gesammelte Gedichte, Berlin 1952 (K. H. Henssel).

[6] Eine schöne Sammlung »letzte Worte« hat z. B. Fr. Laubscher im Verlag »Junge Gemeinde«, Stuttgart 1952 herausgegeben. Sie ist leider vergriffen und sollte vielleicht doch noch einmal aufgelegt werden. Ihr sind übrigens die Beispiele im Anhang entnommen.

[7] *Noctem quietam etc.* — Die Anfangsworte der lateinischen Complet, des kirchlichen Nachtgebetes. Die Worte werden im Text übersetzt und erläutert.

[8] Franz Werfel, Stern der Ungeborenen. Roman. 1946? Werfel starb wenige Wochen nach Fertigstellung dieses Buches. — Daß man auf diesem »Stern der Ungeborenen« (die Welt einer fernen Zukunft) den »letzten Weg freiwillig und zu Fuß geht« wird als die eigentliche Unmenschlichkeit und Sünde dieser sehr fernen Menschheit

gegeißelt! Der fiktive Berichterstatter F. W. sagt dazu: »Da lobte ich mir den guten, alten Tod ...«

9 Daß die Ordnung des Stundengebetes im allgemeinen und die Formung des Completoriums im besonderen auf Benedikt von Nursia zurückgehe, wird inzwischen von der einschlägigen Forschung mit guten Gründen sehr in Frage gestellt. Man fragt sich nur, welcher erhabene Geist außer Benedikt zu jener Zeit außerdem zur Verfügung stand, dem man dieses Wunderwerk zutrauen könnte. Möge also die Verfasserschaft Benedikts ruhig eine Legende sein, sie bleibt dennoch viel wahrer als alle historische Ungewißheit.

10 *Una ex iis tua erit* — eine davon wird deine sein! Die Worte kommen gelegentlich auf den Zifferblättern alter Uhren vor. Das ist wohl eine Betrachtung wert: den Zeigern auf dem Zifferblatt zuschauen, wie sie unerbittlich weiterwandern und sich beim Ablauf der Stunden vergegenwärtigen: Eine davon wird deine sein!

11 Es sei am Rande vermerkt, daß der Abgrund rings umher auch von dämonischen Fratzen erfüllt sein kann, und daß sich, zusammen mit Wollustgefühlen, sehr massive sexuelle Vorstellungen in den Vordergrund drängen können. Hier tut sich eine Welt auf, wie sie wohl Hieronymus Bosch geschaut haben mag. Ich mag aber öffentlich von diesen Dingen nur ganz behutsam reden, wie das etwas später dann auch angedeutet sein soll.

12 *Tempus non erit amplius* — es wird keine Zeit mehr sein (Offb 10,6). — Im Westteil der weltberühmten »Wieskirche« der Gebrüder Asam ist der Anbruch des »Jüngsten Tages« dargestellt: Eine große Himmelstür, verschlossen, wird soeben geöffnet; die ersten Strahlen übermäßigen, farbigen Lichtes brechen wie mit angestauter Kraft durch die Ritzen und Spalten. Stufen führen hinauf zu der Tür. Auf deren Schwelle ist ein ausgemergelter

Greis tot zusammengebrochen; das abgelaufene Stundenglas ist seiner Hand entglitten: Es ist Chronos, der Gott der Zeit. Eine Inschrifttafel steht dabei und kündet, daß des Chronos Zeit abgelaufen sei: *tempus non erit amplius.* — Ob das Wort aus der Apokalypse allerdings in diesem Sinn verstanden werden darf, ist eine exegetische Streitfrage.

[13] Daß eine Fülle von christlichen Vorstellungen über das »Leben nach dem Tode« mit den Vorstellungen anderer Religionen so überraschend übereinstimmt, mag theologisch ärgerlich sein. Die Tatsache kann keiner bestreiten, der die Ergebnisse vergleichender Religionswissenschaft zur Kenntnis nimmt. Allzu offenkundig besteht hier eine Übereinstimmung in der Sache. Man mag diese Erscheinung psychologisch erklären; gewonnen ist damit nichts angesichts der übergeordneten Einheit von Subjekt und Objekt im Erkenntnisvorgang. Überdies wird, das zeigt sich immer deutlicher, damit zu rechnen sein, daß das Neue Testament auch Aussagen esoterischen Charakters enthält. Ist dies der Fall, so stößt die historisch-kritische Methode der philologischen Exegese hier an eine Grenze, die sie nicht überschreiten kann.

[14] Ich höre die Stimmen, die angesichts dieser Sätze von Manichaeismus und damit von Ketzerei reden. Doch gibt es verschiedene Arten von Ketzerei. Ein großer Gedanke, ein kühner Entwurf — sie werden nicht schon dadurch falsch, daß ein Zeitalter sie nicht versteht und mit leidenschaftlicher Abwehr reagiert.

[15] Man hat im neuen, gemeinsamen deutschen Credotext diese Aussage zur »Auferstehung der Toten« abgewandelt; kaum jemand hat dem widersprochen. Dem Credo wurde damit aber seine antignostische Spitze weggebrochen. Hat das niemand gemerkt, oder wollte man das nicht merken?

[16] *Quid sum miser tunc dicturus* — was soll dann ich Armer sagen? Die Frage stammt aus der Sequenz der Totenmesse, dem »Dies irae« des Thomas von Celano. Sie hat in diesem Hymnus allerdings einen anderen Sinn als ihn das hiesige Kapitel nahelegt.

[17] Am Rande sei vermerkt, daß in manchen Erscheinungsformen des physischen Todeskampfes der Sterbende ständig an seinem Zeugungsorgan manipuliert; oft zeigt sich ein überaus praller Phallus. Zwar handelt es sich um eine rein physische Reflexhandlung, der keine Bedeutung zukommt, doch zeigt sie zugleich an, daß der Sterbende mit sexuellen Halluzinationen zu tun hat, die ihn heimsuchen (siehe oben Anmerkung 11). Es ist völlig zwecklos, dem derart Heimgesuchten die Hände wegzunehmen oder sie gar festzuhalten. Auch verschlimmert man die Sache nur, wenn man ihm mit Worten irgendwie wehrt. Er muß vielmehr, wie das im Text ausführlich gezeigt wird, durch ruhigen, aber bestimmten Zuspruch von diesen Abgründen weggeholt werden, indem man ihn positiv auf das innere Licht orientiert.

[18] Die Reformation hat, in berechtigter Abwehr von Aberglaube und Mißbrauch, das fürbittende und gedenkende Handeln der Lebenden für die Toten so nachhaltig perhorresziert, daß fast nichts mehr davon übrigblieb. Die weitere theologische Entwicklung tat im Verein mit der Aufklärung ein übriges. Da jedoch elementare Bedürfnisse nicht dadurch verschwinden, daß man sie nicht zur Kenntnis nimmt, entwickelte sich zweierlei: Einmal ein völlig säkularer Totenkult, der noch viel heidnischer ist als es der bekämpfte Aberglaube jemals war, und von dem inzwischen eine ganze Industrie recht einträglich lebt; sodann aber jene inzwischen vielberufene »Unfähigkeit zu trauern« (Elias Canetti) mit ihren abscheulichen Folgen der Rohheit und Unmenschlichkeit, die nachge-

rade zum europäischen Problem Nummer eins zu werden droht; ein Beweis mehr für die Richtigkeit der These von H. D. Wendlandt, daß theologische Fehlentscheidungen sich vierhundert Jahre später in sozialen Katastrophen auszuwirken pflegen.

[19] *Dominus regnabit de ligno* — Der Herr regiert vom Holz aus. Hier begegnen wir einem der kühnsten Eingriffe in den biblischen Text, den die betende Kirche vorgenommen hat. Die Aussage, daß Jahwe regiert, ist eine stehende Wendung in den Psalmen vom Königtum Jahwes. Der Vulgatatext gibt, der LXX folgend, den Namen Jahwe wieder mit *dominus*. So heißt es dann in den Königspsalmen *dominus regnabit*. Die betende Kirche, die schon im ersten Jahrhundert die Psalmen christologisch versteht, bezieht jedoch *dominus* nicht auf Jahwe, sondern auf Christus. Dessen »Königsthron« ist das Kreuz; so schon andeutungsweise in der Passion nach Johannes. Diese christologische Deutung schlägt aber in den Text selbst zurück, und man fügt die Worte *de ligno* ein, völlig frei und ohne biblizistische Hemmungen. Ein Musterbeispiel für die Methode des »Zurechtbetens« der alttestamentlichen Psalmen durch die christliche Kirche!

[20] Theologen werden fragen, warum in diesem Kapitel von der eigentlich zentralen Bedeutung des Kreuzestodes Jesu, nämlich von der Satisfaktion, nicht die Rede sei. Das ist Absicht. Ich bin der Meinung, daß die notwendigen Voraussetzungen für ein wirkliches Verstehen der Satisfaktionslehre in der Gegenwart nicht gegeben sind. Das heißt natürlich nicht, daß die Satisfaktionslehre an sich falsch wäre. Sie ist aber zum Theologumenon geworden und hat ihren »Sitz im Leben« verloren. Ob er noch einmal zurückgewonnen werden kann, steht dahin. Dies zu erörtern, würde eine eigene Abhandlung erfordern, die hier nicht beiläufig geliefert werden kann.